JN109114

U-35

Under 35 Architects exhibition

35歳以下の若手建築家による建築の展覧会

2023

Gold Medal Award
（UNION 真鍮製）

U-35
Under 35 Architects exhibition
35歳以下の若手建築家による建築の展覧会

2023年10月20日（金）- 30日（月）
12：00-20：00［11日間］ 開催期間無休

うめきたシップホール
〒530-0011 大阪市北区大深町4-1 グランフロント大阪 うめきた広場 2F

主　　　催	特定非営利活動法人アートアンドアーキテクトフェスタ
特 別 協 力	一般社団法人グランフロント大阪TMO　一般社団法人ナレッジキャピタル
特 別 後 援	文化庁　大阪府　大阪市｜EXPO2025　大阪市観光局　毎日新聞社
助　　　成	公益財団法人朝日新聞文化財団　公益財団法人大阪コミュニティ財団　独立行政法人日本芸術文化振興会
連 携 協 力	西日本旅客鉄道株式会社　阪急電鉄株式会社
展 示 協 力	株式会社インターオフィス　株式会社カッシーナ・イクスシー　株式会社観察の樹　キヤノン株式会社
	ソフトバンク株式会社　株式会社パシフィックハウステクスタイル　株式会社目黒工芸
協　　　力	アジア太平洋トレードセンター株式会社　リビングデザインセンターOZONE
	一般財団法人大阪デザインセンター　公益財団法人大阪産業局
後　　　援	一般社団法人日本建築学会　公益社団法人日本建築士会連合会
	一般社団法人日本建築士事務所協会連合会　公益社団法人日本建築家協会　一般社団法人日本建築協会
特 別 協 賛	株式会社ユニオン　ダイキン工業株式会社　株式会社シェルター　SANEI株式会社　ケイミュー株式会社　株式会社山下PMC
連 携 協 賛	株式会社オカムラ　積水ハウス株式会社　パナソニック株式会社
協　　　賛	株式会社丹青社　株式会社乃村工藝社

http://u35.aaf.ac

記憶と予感　〜気配を創造する胎〜

橋村公英 （はしむら こうえい・華厳宗管長 東大寺別當）

1956 年、奈良県生まれ。1962 年、東大寺塔頭正観院に入寺。大阪市立大学文学部史学東
洋史卒業、龍谷大学大学院修士課程（東洋史）卒業。1990 年より東大寺塔頭正観院住職、
2016 年より東大寺執事長、2022 年より華厳宗管長、東大寺別當。

そもそも「私」というのは心の病気なのだ。
そういわれて私の仏教は始まったのだが……。

　本展に集う建築家は、おそらく建築家を名乗る人々の中では最も若い世代にあたる。選ばれた
その最も若い世代の建築家たちが、上の世代の建築家と議論を共にし、議論の場が更に様々な世
代に共有されながら、建築の未来の扉を押し開いてゆく。Ｕ３５ではこの活動に未来を託すこと
が可能なのかどうかという模索が、あたかも常に表明されているように見えつつ、同時にどこか
刃物のように秘められてもいる。自分と向き合う事、他者と向き合う事。本展の企画にはそのよ
うな多様な方向性があり、様々な社会の在り様や、異なる世代からのその見えようも反映されて
いて、建築家の心や感性のカクテルのような趣（おもむき）に毎年興味が尽きない。それは、建
築が生まれてきた理由や用途、機能や欲望の原点が無数にあって、哲学や環境や技術や戦争や経
済や世相などに揺り動かされながら、限りなく新しい建築としての義体が生み出され続けてきた
事にも繋がっているからかも知れない。自動車やファッションがそうであるように、移動ができ
肌を覆えばそれでよいのとは異なる人の欲求がそこにはあるのだろう。

何を現代建築と規定するのかも知らずにいうべきことではないのかもしれないが、建築学生ワークショップをきっかけに、ＡＡＦの事業に足を運ぶようになってから、現代建築を誰それの作品と知って見る機会が増えた。同時に建築家から見ると私は建築の外に立っている人間だ。だからというわけではないが、作品や解説の言葉に瞑想的に心を添わせつつ、様々な妄想を繰り広げもする。戦うべきもの、或いはそれは嫌だなと思うものが限りなくあって、切り込まざるを得ないものや、そこへ逃げ込むわけにはゆかないものに囲まれながら、おまけに導かれてきたはずのものにも疑問のピンを打たなければならなかったような幸せな時代の記憶を蘇らせてくれることもある。「ファッション」ではなく「衣」として見れば、肌触りや着心地の良さに触れることも人が希求する創造性の一つの姿であるといえる。作品によっては、かつて、未来はこうなるからついて来なさい、そう叫んでいた熱気に触れることもある。一方で、国策と称した戦争に日章旗を振りかざしたような高揚感と後ろめたさのうめき声を心が絞り出すこともある。私たちの寺の日常の多くは古建築にある。どんな悲劇も娯楽に変えてしまう社会にうごめいていると、過去の記憶を余すことなくただ抱きかかえて存在する古建築は心強くも思われる。

　「花は観手（みて）に咲く」、というのは大和猿楽結崎座（やまとさるがくゆうざきざ）の猿楽師世阿弥（ぜあみ）、風姿花伝（ふうしかでん・花伝書）の箴言（しんげん）であった。しかしそれは、猿楽演者の心身に結晶した、風姿出現を支えてやまない無為の基体が化生（けしょう）を生み出す母体であることに淵源を負っている。まさにその演者のように、未だ歩まぬ道さえも無数に秘めた樹海の深さの分だけ、建築家は朝露にしどけた草を踏み分ける一歩を持ち得るのだろう。この数年、実物ではない建築の展覧会、という不思議な機会に立ち会うようになって以来、様々な展示（作品）を見て解説を受ける機会があった。建築の魅力を支えているものは存在感だけではないことを深く教えられながら本展は、「どの作品か」或いは「誰か」ではない何かが、「どれか」や「だれか」を上回っているかのような印象に触れた気がする。解き明かす必要はないのかもしれないが、それは何だろうか。

　「山川（さんせん）域（さかい）を異（こと）にすれども、風月、天を同じうす…」とは、古代中国の律宗の師、鑑真大和上に日本への渡海を促した言葉として今に伝わるが、この展覧会にも「天を同じうする」香気が鼻をくすぐる。どこかに共通してミルクとバニラエッセンスの香り、い

や、アイスクリームの香りが鼻に触れる。その共通性は何処から立ち現れてくるのだろう。アイスクリームの王様の分身を、多くの部屋の冷蔵庫のフリーザーが受け入れてきたことを通して、世界が変化してゆく様を見るのは楽しくもあり、私自身もアイスクリームが嫌いではないと気付くことに、苦痛を感じるわけではないが、その危うさを垣間見させてくれるミルクとバニラエッセンスが香る建築模型はどことなく誘惑と拒絶がきしみあいながら柔らかな緊迫感を発散する。

昨年、伊東賞を受賞された、コヴァレバ＋佐藤のロシア館改修を中心とした展示作では、以降の一連のプロジェクト手法により、「小さいものはより大きい物の中に含まれていて、それより大きいものはさらにもっと拡張された空間にシームレスに含まれている」との視点も展開されていた。例えば一つの部屋が一つの家や建物のブロックに含まれていて、それらは更に大きな構築物や街、環境や自然などを含む一つのローカルに含まれ、断絶なく社会や国家、地球上のあらゆるエリアにネットワーク化され、更に地球全体や宇宙の構成要素にさえ繋がりかねない一体性と危うさを孕んでいる。今やデータはクラウドの宇宙を行き交い、デバイス自体も手元には必ずしも無い。個々のデータはどこかにある複数のデバイスに次々と同期されてゆく。自らが関わったデータだけではなく、世界や社会の動向もその情報と共に自らの中に同期されつつあるのを眺めるのも楽しいが、またそこに隠された意図に触れるのも魅力的だろう。無数の「一つ」が「一切」に同期されてゆく世界が生まれつつあるのだろうか。でも、そうなのか？

世界に対して露骨に拡げられている創造の胎を、私たちは白日の下、目にすることをためらいがちだ。一方で、建築には、構造を孕みつつ繰り広げられる必要からは溢れてしまったデザインが空間を彩っていることがある。そこからは何か違うリアルが始まっているという気配と警告を、私たちに訴えても来る。

日本の新成人の数は過去最低レベルだと聞く。出生率も下がる一方だ。軍事予算はアメリカ・中国に次いで世界第3位の額に躍り出るのかもしれない。国債残高はいったいいくらあるのだろう。私たちは追い詰められているのだろうか。それとも追い詰められ足りないのだろうか。求めるせめてもの現状維持とはどのような幻なのだろう？

私たちの世代が世界史で習ったセオリーがある。それは追い詰められた民衆は政府を倒すとい
う事だ。だが、この国の歴史で、追い詰められた民衆が政府を倒して新たな国を創ったという事
があったのだろうか。そもそも教育自体がプロパガンダだったのだろうか。この世界の多くの現
象や理（ことわり）は関係性に満ちて展開する。プレゼンテーションに参加するU35の建築家
たちは、自分が拠りどころとする定規に心や言葉を添わせつつ、同時に自分を測る「物差し」を
一人一人が持つ。他の参加者や上の世代の建築家との向き合いやせめぎ合いの中で、その「物差し」
の目盛りは大きくなり、また小さくもなる。天才をも、怪物をもこの「物差し」が生むのだ。

　先に記したように私は建築の外に立つ者だ。ある未来の建築家であるところの「私」というも
のについて想像するのは楽しい。人間は物や人そのものや人の心と技術を使って観察できるよう
になった。しかしその結果を判断するのは人だった。今や科学の力によって「物」が人や人の心
を観察し判断する道を開きつつある。アンドロイドが人に恋をして、生命と心という問題を超克
していこうとするようなシネマ的建築イノベーションを期待しているわけではないが、情報と人
工知能が建築を変えてゆく予感はもはや小さくはない。出展者の展示作やその解説に触れ、プレ
ゼンテーションの議論に耳を傾けると、建築家には数限りない専門知識・そして過去の心の記憶
や未来への予感が必要なのだろうと思う。建築家に限らないが、一人の建築家が亡くなれば、技
術や記録や作品は残っても、膨大な心の記憶は残らない。心の経験や記憶、予感が「個」である
ことの根拠であるとしたら、作品は残るのにその根拠、その建築家がその人であった根拠は何も
残らない必然とは何だろう。とはいえ、消去されるその「個」の創造の胎を育むことが、建築ワー
クショップや建築の展覧会が担っていることの大きな部分ではないかという考えにもたどり着く。

まちづくりと建築

田中清剛（たなか せいごう・大阪府副知事）

1950年兵庫県生まれ。1975年京都大学大学院工学研究科修了、同年大阪市入庁。建設局計画課長、土木部長などを歴任し、建設局長で退職。退職後は、2011年㈶都市技術センター理事長、2012～2019年に大阪市副市長。2019年より大阪府副知事、現在に至る。土木学会フェロー会員。

　大阪のまちづくりの象徴 'うめきた'。その一角にあるグランフロント大阪で、2022年10月8日に「U-35記念シンポジウム」が開催されました。主催者の平沼氏から案内状を頂いた私は、早めに会場へ到着し、先ず展覧会場を回りました。そこで驚き、感嘆したのが、出展作品の大胆さ、ユニークさもさることながら、出展者の熱い思いです。7名の若手建築家の皆さんが、作品の意図や工夫を一生懸命に説明しようとする姿です。それを見ていて、私が若い頃に参加していた研究会を思い出しました。

　1984年4月に立ち上げた自主研究会であり、今から40年近く前です。メンバーは大阪市の土木・建築系の若手技術職員30名。33歳の私が最年長なので、まさに 'U-35' です。また、建築家で奈良女子大学助教授(当時)、一心寺住職でもある高口恭行先生にアドバイザー役をお願いしました。会の名称は、故事成語「アリアドネの糸」をヒントに「アリアドネ会議」。多くの問題を抱えた今日の都市を迷宮になぞらえ、その解決の糸口を与える何らかの提案をしたいという意味です。

　提案する未来は22世紀。何故、21世紀でなく22世紀なのか。研究会の活動時期は、21世紀が間近です。21世紀に関する未来予測については、既に幾つかの書物が刊行されており、その専門家でもない私達が予測作業にエネルギーを費やしても仕方がありません。また、21世紀に向け

ての様々なプランが打ち出されていますが、その多くが現在の延長線上のものです。行政ベースでの現実的なプランとしては当然のことですが、折角の自主研究会なので、違うアプローチをすべきと考えました。それが、トレンド型の未来像ではなく、人々の夢をかきたてるような未来像、ありたい姿の都市像の追求です。その未来像から21世紀を見る。つまり、逆方向から見るのです。そうした視点を持つことが、直面する課題解決の一助になるのではないかと考えました。それ故に「22世紀提案」なのです。

　会議の運営上、数人単位のグループに分け、随時グループ間の意見交換や全体会議を開くことにしました。活動は勤務時間終了後。今でいうサービス残業に当たるのか、微妙なところです。活動の後半は、高口先生のアトリエに毎週のように集まって熱心な議論が行われました。約1年半にわたる活動の末、市長への報告会、マスコミへの発表という形で活動は終了。提案の内容は、5つのテーマと10大構想からなり、冊子「大阪22世紀／アリアドネ提案」としてとりまとめました。この10大構想のうち、私が特に拘った2構想について紹介します。

　一つが「恋とロマンの街を創造する文化と緑の回廊構想」。役所の報告書に「恋」が出てくることは珍しく、それだけで楽しくなりますが、肝心なのは文化と緑の回廊。ＪＲ大阪環状線を地下化して、残された地上空間の盛土に緑の回廊を巡らし、そこに美術館や劇場などを随所に配置するという提案です。

　「あそこの文化施設でこんな催し物をしているから行こう」という目的を持って行くのではなく、「今、何をしているか知らないが、あの辺りに行けば何か面白い催しをしているかも知れない。ぶらりと行ってみよう」という楽しみ方があってもよいのではないか。文化施設を単体でなく群として捉えるべきという考えに加えて、それを緑の回廊に沿って配置しようという提案です。その

メリットとしては、緑の回廊というシンボル性を有する遊歩道に配置されているので分かりやすい、迷わない。地下には鉄道が走っているので交通アクセスが容易。しかも適当な間隔で地下駅が設置されているので、疲れても少し歩けば必ず駅がある。老若男女の誰もが、いつでもどこからでも安心して参加できるのです。

　また、延長 22km の大リングですので、ゾーニングを行い、周辺地域の土地利用と連携した特色あるゾーン形成も考えられます。そこにデザインや機能を含め、個性豊かな魅力ある建築物が点在あるいは建ち並ぶ。散策やサイクリングをするだけでも楽しい空間が生まれます。

　因みに、この構想を発表してから数年後に、東京で「山手線地下化構想」が発表されました。土地バブルの影響で用地確保が困難な状況下、山手線を地下化して開発用地を確保しようという考えです。私たちが未来の都市のあるべき姿、夢を提案したのに対して、直面する課題解決のための提案であると評価しています。

　もう一つの提案が「スクール・コミュニティ構想」。コミュニティ・スクールという言葉は既にありましたが、敢えてスクール・コミュニティとしたのは、学校を中心に地域社会をもう一度見直そうという考えからです。住区の中央部に小学校を設置し、公園も隣接する形で一体的に整備。その周辺には、生涯教育センターや地域ライブラリー、高齢者健康管理や地域医療施設などを設置し、学校を中心とする施設群があたかも一つの森を形成するかのように配置します。

　学校が地域コミュニティーの地理的、機能的さらには精神的な中心となり、世代間の交流が進むことを期待します。そのためには施設間の物理的な垣根をできるだけ取り除き、学校も時間外はできるだけ地域に開放します。但し、現場の教育関係者の理解を得るのは、容易でないかも知れません。

　以上、「まちづくりと建築」を考える上での参考にされればと思い、二つの構想を紹介しました。

　ところで、今の大阪のまちづくりですが、様々なプロジェクトが進行中です。本展覧会の会場

に隣接する「うめきた2期」もその一つ。1期も含めて、旧国鉄の貨物駅跡地でした。1987年に日本国有鉄道清算事業団が売却方針を発表したことを受け、国による調査が始まりました。私も地元市の街路計画担当としてワーキングに参加しましたが、議論は百出。その後も様々な検討が行われましたが、約10年前に大阪府と大阪市が連携して方針や事業スキームを決定。一気に事業化を進めました。整備の内容は、ＪＲ東海道支線を地下化して新駅を設け、地上は「みどりとイノベーションの融合拠点をめざす」としました。万博開催の前年度に、先行まちびらきの予定です。

　この他に、大阪・関西万博の会場でありＩＲが立地する夢洲、北陸新幹線やリニア中央新幹線のターミナルとなる新大阪駅周辺地域、大阪公立大学の新キャンパスがオープンする大阪城東部地域などのまちづくりを府市連携で進めています。

　私は、役所で長年まちづくりを担当してきましたので、どうしても「まちづくり」の視点から建築物を見てしまう癖があります。今回の出典作品の中にも、大変興味深い作品が幾つもありました。

　素晴らしい建築物は、芸術作品であると同時に、街のシンボルとなります。多くの人々を惹きつけ、様々な活動交流が生まれる力を持っています。U-35の皆さんには、是非とも大阪・関西の宝となる建築作品を生み出して頂きたい。さらに「まちづくり」にも関わり、新しい感性での都市のプロデュースも担って頂きたい。大いに期待しています。

foreword｜音羽悟（おとわさとる）
常磐の森をめぐる現代的課題に直面して建築学に期待すること

音羽悟（おとわ さとる・神宮参事／神宮司庁 広報室次長）

1966 年滋賀県生まれ、92 年皇學館大学大学院博士前期課程国史学専攻修了後、神宮出仕。
2023 年より広報室次長。現在は神宮研修所教員・教学課主任研究員兼任。皇學館大学神職
養成室明階総合課程講師も務める。主な著書に、『悠久の森　神宮の祭祀と歴史』（弘文堂）、
『伊勢神宮　解説編』（新潮社）がある。

　U-35 の序文に寄稿させていただくことが慣例となって、もう 4 回目を迎えた。建築家の平沼孝啓さんから毎年早い段階で依頼を受ける際は、時間があることだからと安心理論で快諾しているわけだが、4 度目ともなると、さすがに書き下ろすネタに困ることになった。しかし毎年何かテーマを決めて、神社建築につながる話を展開させていただいているので、今回は鎮守の森を連想し、常磐の森をめぐる現代的課題から、建築の果たす役割について解いていこうと思う。ただ自然環境を観点に建築学に繋げるにはやや強引な解説になることも想定され、その点予めご寛恕願いたい。

　「鎮守の森」という表記は、専門家のみならず自然主義の愛好家にも定着していると考えられるが、林ではなく森である。何故「森」なのか。私は若い頃から森と林との違いは何だろうと、常時疑問を抱いていた。何となく森の方が、より自然が残っているイメージを浮かべていたが、ある日、知り合いの国語学者が語ったのには、林は人工林というように人が手を加えて作り出した、人間の生活や環境に根ざした自然で、森は大きな手が加えられていない神宿る自然である、と聞いて腑に落ちた。

　我々は何気なしに森林という言葉を当たり前のようによく使うが、林の方が具体的であるようだ。学問体系にしても林学、そして行政にしても林政といっているのに対して、片や森学・森政とはい

わないからである。また構成する語彙にしても、林相・林道・林立・林間などと、具体性があって、容易に思い付くけれども、森にあってはそうはいかない。字書にも森閑・森森・森邃など、どちらかというと形容詞的なものが出ている。森による、こうした語彙には、森深くして物音一つせず、ややほの暗いといったイメージがつきまとっているようである。いわゆる「モリ」という言葉には信仰的な意味が多分に含まれているのであろう。それは自然に対する畏怖なのか畏敬なのか私には到底わからないことであるが、人間がモリに抱くイメージとして神宿る感覚はあるのだと思う。だから「鎮守の林」ではなく「鎮守の森」でなくてはならないのだと、何となく納得している自分がいる。

　さて話は変わるが、森林・林業学習館がインターネット上で公表している「日本の国土面積と森林率」によると、日本は世界有数の森林大国とされる。日本の森林は約 2,505 万 ha あり、そのうち約 1,348 万 ha（約 5 割）が天然林、1,020 万 ha（約 4 割）が人工林、残りが無立木地、竹林などである。国土面積に占める森林面積は約 66%（森林率約 7 割）で、先進国の中では有数の森林大国とされる。日本の森林率は先進国（ＯＥＣＤ諸国）の中では、フィンランドに次いで第 2 位である。しかしながら、専門家によれば、一方で日本の森が危ないとされる。その理由として、林業の形態に問題があるといわれる。付加価値の高い、桧、杉、松などの針葉樹が植栽されていき、その一方で、天然林が伐採されたことで、植生が変わり、山が荒れていくことが懸念されている。

　生態学的な調査によると、かつて日本ではシイ、タブ、カシなどの照葉樹が広範囲に伐採され、「建築原木の増産」を合言葉に国有林、民有林に関わらず付加価値の高い桧、杉、松、唐松などの針葉樹が林野庁の勧めで植栽された。高生産性を至上目的に皆伐と針葉樹一斉林の施業スタイルが日本中の山々を覆い、その比率は平成 2 年には 64% に達したといわれている。しかし貴重な天然林が伐採されたことにより、「常磐の森」の生態が崩れるという結果を招いた。針葉樹は 20 年以上下草刈り、枝打ち、蔓きり、間伐などの保育をやらない限り、その土地の本命の樹種が出てきて、或いは

本来の森を守っていたツル植物や低木が下克上を起こしてジャングルを形成し、山が荒れた状態になると指摘されている。長きに亘り針葉樹の偏重を推進・拡大・普及し続けてきたその経済的ツケが、国有林野事業においては巨額な累積赤字を生み、それに相俟って日本の山の風致・景観・保水力・安全性も崩してしまったことは否めない。日本の森が危ないといわれるゆえんはここにある。

　また話は変わるが、令和 4 年 6 月 20 日に社叢学会が皇大神宮別宮瀧原宮の鎮守の森を調査したネット上での報告記録によると、たいへん興味深い記事が載せられていた。神宮司庁広報室と営林部の協力を得て、名古屋産業大学の長谷川泰洋氏と三重自然誌の会の山本和彦氏が瀧原宮の森 20 メートル四方の調査を実施した際、国（環境省）絶滅危惧 II 類、三重県絶滅危惧 I 類に判定されているラン科オニノヤガラ属の希少種ハルザキヤツシロランとみられる植物の群生を確認できたという。本種は、瀧原宮における過去の調査では記録されておらず、瀧原宮の鎮守の森が鹿や猪の食害を被りながらも、着実に食性遷移が進み、生態系が進化してきた証が示された。本種の北限産地は静岡県伊東市で、本産地は北限産地から南下しない位置に当たる。また東海 3 県においては、三重県尾鷲市、熊野市でのみ記録されており、瀧原宮の森はこれらの産地よりも北に位置するため、植物地理的な観点からも重要な成果が得られたという。これは地球温暖化が影響してのことであろうか。社叢学会の調査としては、絶滅危惧種を確認できた新発見という観点で画期的な成果と思える。しかし一方で、温暖化による鎮守の森の植生に今後変化が生じるのではないかと近未来への警鐘も打ち出されている。社叢学会の取り組みは、まさに常磐の森をいかに護持していくかの活動に他ならないのである。

　悠久の古より神社は縁深き森に囲まれ、我々日本人はこうした環境を神々の鎮まる聖域として崇め尊んできた。そして鎮守の森は、共同体の中心的場所、地域文化の発信・継承地としての役割を果たし、人々の心の安らぎを育んできたのである。

　最近ＳＤＧｓという言葉をよく耳にする。持続可能な開発目標として、伊勢神宮の森はＳＤＧｓそのものと言っても過言ではない。神宮の森の中で木の葉の舞う姿は、これから先、誰もが目にする光景となろう。大自然の営み・循環は不変である。新たな木々の芽吹きのために土に身をかえいのちをつなぐ。永遠を約束する自然と共に生きる、老化しない精神性に地球環境への適合の定義が

見い出される。それは 20 年に一度斎行される神宮式年遷宮の理念にも通ずるのである。

　日本の常磐の森の抱える現状と現代的課題の克服は、神宮の森作りからヒントを探求できようが、世相を見渡せば都会の喧噪から離れ、静かな環境で生活したい、と僅かの敷地の山林を買って、その小さな土地に家を建てる人たちが昨今増えてきたといわれている。コロナ禍と称される社会現象の中で在宅の機会が増加し、リモートワークと称される社会生活が定着し、もはやウェブ会議が当たり前のような仕事の仕方に慣れきって、都会から離れた自然環境の中で生活の営みを求める人が増えたことは十分頷けることである。

　では自然と一体となった生活空間、人々の暮らしとはどのようなものなのだろうか。それは人間が自然と共生するために作り込んできた林の中に溶け込む住居に求められると力説したい。ここ二年間は、平沼さんから U-35 シンポジウムのお招きをいただいたものの、奉務の関係上、参加できていないので今ひとつイメージを湧かせにくいのだが、若手の建築家の斬新な発想にいつも期待しながらも、彼らが設計した住まいがどれだけその土地の癒やしの空間となっているかにも注目している。周囲の景観と調和した建造物とスペースがどの程度あるのかに着目しているわけである。

　ところで令和 4 年 8 月に厳島神社で開催された建築学生ワークショップに今回も参加させていただいたが、安芸の宮島の織りなす景観は圧巻であった。潮の満ち引きもさることながら、海と近接する山とが筆舌に尽くしがたい地形を作り出す小さな島に照らし出された学生制作の 10 体のフォリーを見たとき、建築の大宜味を改めて噛みしめたわけである。同時に学生がワークショップのギリギリまで苦心したと側聞し、産地の特性を生かした作品を作ることの難しさも改めて痛感した。

　最後に私が若手の建築家に期待したいのは、地産地消というか、その土地の気候風土に照らして日本人が伝統的に育んできた常磐の森をイメージした建築設計を、その土地の資材を存分に使用して住居を設計することを期待したいものである。次回はどのような若手がノミネートされるのか、彼らの企画力を楽しみにもしながら平沼さんからのお誘いに便乗したいと思う。

サステナブルな社会の実現に向けて

角和夫（すみ かずお・阪急阪神ホールディングス株式会社 代表取締役会長兼グループ CEO
阪急電鉄代表取締役会長）

1949 年 兵庫県出身。早稲田大学政治経済学部を卒業後、1973 年に阪急電鉄株式会社に入社。運輸部の現場経験からスタートし、入社後 20 年間は鉄道部門で勤務。その後、経営政策室や駅ナカ事業を行う流通事業部門等を担当。2003 年、代表取締役社長に就任。2006 年の阪神電気鉄道との経営統合を経て、阪急阪神ホールディングス代表取締役社長に就任。現在は代表取締役会長兼グループ CEO を務めるとともに、関西経済連合会の副会長として、広く関西広域の街づくり、文化、観光などの取組にも力を入れている。

　U-35 とのご縁は、平沼先生、藤本先生との出会いから始まりました。お二人が中心となって、U-35 の活動を通じて若い建築家の育成に力を入れておられることを知り、ぜひ応援させていただきたいと思ったことが最初のきっかけです。また、藤本先生が大阪・関西万博のプロデューサーをされていることもあり、少なくとも万博開催までは U-35 を継続していただき、若い方達のパワーを盛り上げて頂きたいという想いで、当社として微力ながら協力させて頂いています。2022 年の開催においては、私もシンポジウムに参加し、皆さんの熱気を肌で感じましたが、約 1 万人に上る方が来場され、盛会のうちに終了されたと聞きました。阪急の梅田駅構内をはじめ沿線各所で告知させて頂いたことが、少しでもお力になれているとしたら、嬉しく思います。

　さて、2023 年の開催に向けてのメッセージを、ということで、私からは　当社がこれまで手がけてきた街づくりの歴史、そして 2025 年大阪・関西万博に向けて、これからのどのような街づくりをしていきたいと考えているか、それらの活動を通じて、若い人達に期待していることなどをお伝えしたいと思います。

■阪急電鉄の創業者が手がけてきた街づくり

　これまでの当社の成長の礎を築いたのは、阪急電鉄の創業者である小林一三の街づくりと一体

となったビジネスモデルです。阪急が発足した当時、私鉄では大阪から堺へは南海、神戸へは阪神が先行して営業しており、後発である阪急は開発が進んでいない宝塚・箕面の路線で開業しました。当時、池田付近は田園地帯で、何もない土地でしたが、小林一三は住宅地に適した土地に恵まれていると考え、後にこの発想が、新たな輸送需要を自ら創出することにつながりました。鉄道開業 3 か月後には、2 階建て 5 ～ 6 室、電灯付きの住宅を売り出しました。企業に勤める課長や部長が購入して、環境の良い郊外に住めるというコンセプトで、日本初の割賦販売（今でいう住宅ローン）も採り入れました。さらに、通勤時の一方向の輸送にとどまらないよう、終端である宝塚や箕面にレジャー施設を作ります。こうして生まれたものの一つが後の宝塚歌劇です。また、昼間時間帯にも大阪への人の流れを作るとの観点で建設されたのがターミナルデパートの阪急百貨店でした。こうして、鉄道を敷設し、沿線で住宅地開発・経営や様々な事業を行うという私鉄経営のビジネスモデルが生まれました。

■安心・教育・文化の街づくり

　小林一三は、具体的な言葉に残してはおりませんが、創業以来、当社の街づくりの基本は、「安全・安心に住めるまち」「良質な教育が受けられるまち」「文化の香りがするまち」であると考えています。「安全・安心に住めるまち」を提供する取組事例として、伊丹市の「まちなかミマモルメ」が挙げられます。当時、お子さんが痛ましい事故に遭われることが相次ぎ、伊丹市内に防犯カメラをつけるというニュースを見たのですが、防犯カメラに加えて、お子さんがその場を通過したら保護者にメールが届くという当社のサービスを掛け合わせるとよいのではと、当社から伊丹市にご提案しました。その結果、約 5 年間で街頭犯罪認知件数が約半減するという効果を生み出し、お子さんや高齢者をまち全体で見守ることができています。また、「良質な教育が受けられるまち」をめざして、当社グループは　2009 年より社会・地域への貢献活動を推進する「未来のゆめ・まちプロジェクト」を展開しています。2010 年より、夏休みに小学生が様々な仕事にチャレンジす

る体験学習プログラムを開始し、参加者は累計で約1万8千人になりました。また、2016年から
は、当社の管理職が、小学校に赴いて、身近なまちを支えるさまざまな仕事と自身の興味とのつ
ながりに気づくという内容で出張授業を行っています。社会と接点を持ち始める小学生の時期に、
身近にある仕事や働く大人を知ることは貴重な経験になると思いますし、保護者の方からも大変
喜ばれています。「文化の香りがするまち」を象徴する街づくりとしては、西宮北口周辺の開発が
好事例ではないかと思います。2008年に開業した阪急西宮ガーデンズは、阪急西宮スタジアムの
跡地開発において計画されましたが、単に商業施設を建てるのではなく、その周辺には、兵庫県
立芸術文化センターという芸術文化の発信拠点を、そして甲南大学や関西学院大学のキャンパス
の誘致を行いました。西宮北口は、1995年の阪神淡路大震災で大きな被害を受けましたが、鉄道
の駅、周辺の住宅、そして教育・文化施設がバランスよく融合された良い街になったと思います。
こうした街づくりを積み重ねた結果、嬉しいことに、阪急阪神沿線の人口は、関西全域や大阪府、
京都府、兵庫県の人口推移に比し高水準を維持し、増加を続けています。また、住んでみたい街
アンケート（関西版）では、2016年以降　西宮北口が6年連続1位となり、2022には「梅田・大阪」
が初めて1位となりました。

　なお、「世界の住みやすい都市」2022年調査（英エコノミスト誌）では、大阪が10位にエントリー
し、アジアでトップの評価を受けました。また、森記念財団の都市戦略研究所による「日本の都
市特性評価2022」でも大阪市はトップスコアを獲得し、国内外からの評価が一致するという結果
となりました。高評価を受けた要因のひとつが、「社会の安定性（治安の良さ）」に加えて、「職住
近接」という働きやすさ、住みやすさだったそうです。共働きが増え、職場から近い場所に住み
たいと考える人が増え、そのニーズに街の姿がマッチしてきたのです。

■大阪・関西万博に向けて、これからの街づくり
　さて、これから大阪・関西では、万博開催に向けた様々なプロジェクトが始動します。2025年
の大阪・関西万博はもちろんのこと、2029年開業を目指している「大阪IR構想」、そして大阪市
が「スーパーシティ型国家戦略特別区域」に指定されるなど、国際都市としての存在感を発揮す
るチャンスを迎えています。なかでも梅田エリアは、全国の大都市の中でも、オフィス・商業・
エンタテインメントなど様々な都市機能がバランスよく集積しているオールマイティな街です。

当社では本年 5 月、「梅田ビジョン」を発表し、世界と関西をつなぐ「国際交流拠点」を目指して、グループの総力を結集して大阪梅田の価値向上に向けて取り組むこととしています。

　具体的には、2022 年 2 月に竣工した「大阪梅田ツインタワーズ・サウス」につづき、2024 年夏頃の先行街びらき、2027 年の全体開業を予定している「うめきた 2 期」開発を進めています。『「みどり」と「イノベーション」の融合地点』というまちづくり方針の理念を踏まえて、大阪駅前には約 45,000 ㎡の都市公園が誕生するなど、全開発面積 16ha のうち 8ha の「みどり」が創出されます。また、産官学連携のもと、社会課題の解決につながる新産業創出の場になること等が想定されており、さまざまな人々が集い、新しい世界や自分に出会い続けられる街になることを、今から楽しみにしています。

　さらに、2030 年を目指して、老朽化した大阪新阪急ホテル、阪急ターミナルビルの建替や阪急三番街の全面改修プロジェクトをグループ一丸となって推進するため、「大阪梅田 2030 プロジェクトチーム」を立ち上げ、この梅田エリアを世界の人々が働きたい街、訪れたい街へとさらに成長させていきたいと考えています。

■U-35 への期待。そして若い人へのメッセージ

　U-35 の活動は、2010 年のスタート当初から、若い建築家の育成を常に中心に置いて継続して来られたことが、素晴らしいと感じます。若い人にとっての実践の場、挑戦できる機会を、試行錯誤しながら提供し続けてこられ、その熱意はさらに増しておられるようにも感じます。

　大阪・関西における万博に向けた機運の中で、多様な分野で「未来に向けた実践の場」が多く設けられることとなりますが、U-35 に関わっておられる若い方々にも、今しかできない貴重な経験をすることを通じて、多いに大阪・関西を盛り上げていただきたいと思います。万博を一過性のイベントで終わらせるのではなく、未来に渡り残っていく「街づくり」と「人づくり」につなげていく。それが万博の真のレガシーになると思いますので、そういった気持ちで応援をさせていただきたいと思います。

10 process in architecture exhibition

—— これまでの展覧会を振り返りながら、公募で募られた出展者の一世代上の建築家と建築史家により、U-35（以下、本展）を通じたこれからの建築展のあり方と、U-35の存在を考察する。

「10 会議」の発足

　13 年前、U-30 として開催を始めた本展は、世界の第一線で活躍する巨匠建築家と、出展者の一世代上の建築家と議論を交わし、あらたな建築の価値を批評し共有するために召集された。巨匠建築家には伊東豊雄。そして一世代上の建築家として、全国で活動され、影響力を持ちはじめていた建築家・史家である、東より、北海道の五十嵐淳、東北の五十嵐太郎、関東の藤本壮介、関西の平沼孝啓、そして中国地方の三分一博志、九州地方の塩塚隆生。中部と四国を除いた、日本の 6 地域から集まった。その後、三分一、塩塚など 1960 年代生まれの建築家から、開催を重ねるごとに1970 年代生まれの建築家・史家が中心となる。2013 年には、8 人の建築家（五十嵐淳、石上純也、谷尻誠、平田晃久、平沼孝啓、藤本壮介、芦澤竜一、吉村靖孝）と 2 人の建築史家（五十嵐太郎、倉方俊輔）によるメンバーにより開催を重ねてきた。そもそもこの展覧会を起案した平沼が「一世代上」と称した意図は、出展の約 10 年後に過去の出展者の年齢が一世代上がり、世代下の出展者の新時代を考察するような仕組みとなるよう当初に試みたのだが、この 10 名が集まった 4 年目の開催の時期に、藤本が「この建築展は、我らの世代で見守り続け、我らの世代で建築のあり方を変える」という発言から、本展を見守り続けるメンバーが位置づけられていった。そして同時期に、五十嵐太郎の発案で「建築家の登竜門となるような公募型の展覧会」を目指すようになる。

　ここで振り返ると、開催初年度に出展した若手建築家との出会いは開催前年度の 2009 年。長きにわたり大学で教鞭を執る建築家たちによる候補者の情報を得て、独立を果たしたばかりであった全国の若手建築家のアトリエ、もしくは自宅に出向き、27 組の中から大西麻貴や増田大坪、米澤隆など、出展者 7 組を選出した。その翌年の選出では前年の出展者の約半数を指名で残しつつ、自薦による公募を開始し、また他薦による出展候補者の選考も併用した。はじめて開始した公募による選考は、オーガナイザーを務める平沼が当番し、応募少数であったことから、書類審査による一次選考と、面接による二次選考による二段階審査方式で行った。海外からの応募もあったことから2011 年の出展を果たした、デンマーク在住の応募者、加藤＋ヴィクトリアの面接は、平沼の欧州出張中にフィンランドで実施された。また他薦では、塚本由晴による推薦を得て出展した金野千恵や、西沢大良による海法圭等がいる。つまり 1 年目は完全指名、2 年目の 2011 年からは、前年度出展者からの指名と公募による自薦、プロフェッサー・アーキテクトによる他薦を併用していた。そして開催 5 年目の 2014 年。完全公募による審査をはじめた年の初代・審査委員長を務めた石上が、自らの年齢に近づけ対等な議論が交わせるようにと、展覧会の主題であった U-30 を、U-35 とすることにより出展者の年齢を 5 歳上げた時期であり、それから今年の開催で 9 年が経つ。また、

この主題の変更に合わせてもう一つ議論されていたアワードの設定（GOLD MEDAL）は、出展者の年齢が 35 歳以下となった翌年の開催である 2015 年。つまり公募開催第 2 回目の審査委員長を務めた藤本が、はじめての GOLD MEDAL 授与選出にあたり、「受賞該当者なし」とした。しかしこれが大きく景気付けられ、翌年には伊東豊雄自らが選出することによる「伊東賞」が、隔年で設定するアワードとして追加され、それぞれの副賞に翌年の出展シード権を与えられるようになる。振り返れば、タイトルを変えてしまうほどの年齢設定も含め、プログラムが徐々にコンポジットし変化し続けているのが、本展のあり方のようだ。2019 年 10 年目の開催を迎え、基盤をつくり準備を整えた本展があらたな 10 年を目指そうとした 1 年目の 2020 年。コロナ禍の大きな試練が待ち構えたが、一度も中止や延期をすることなくこの情勢を乗り越え、本展は今回、13 度の開催を迎えた。

　本年より永山祐子を加え、出展者の一世代上の建築家・史家たちが時代と共に位置づけてきたシンポジウムのメンバー 10 名が一同に揃ったシンポジウム開催後に場を設け、今後の U-35 のプログラムから存在のあり方を議論すると共に、ファインアートの美術展のように展覧会自体が発表の主体とならない、発展途上の分野である建築展のあり方を模索する会議を「10 会議」と名づけ、2017 年より開催している。2021 年審査委員長を務めた吉村靖孝、2022 年審査委員長を務めた芦澤竜一、そして 2023 年の審査委員長を務めることになった平沼孝啓を中心に、第 6 回目の「10 会議」を開催した。

──── 皆様お疲れさまでございます。本展が継続するためのエンジンのような、恒例の「10 会議」をはじめさせていただきます。この会議は、出展者の一世代上の建築家・史家たちが一同に揃うシンポジウム開催後に場を設け、今後の U-35 のプログラムの検討と存在のあり方を議論すると共に、ファインアートの美術展のように展覧会自体が発表の主体とならない、発展途上の分野である建築展のあり方を模索する会議を「10 会議」と名づけ、2017 年より開催しております。今年も審査委員長を務めていただいた芦澤先生と 2023 年の審査委員長を務めていただく平沼先生を中心に、第 6 回目の「10 会議」を開催いたします。開催当時より本展のオーガナイザーを務めてくださる平沼先生には、本日も進行の補足応答をどうぞよろしくお願いいたします。さて、あらためまして長時間にわたり、本日のシンポジウムも大変お疲れさまでございました。また 2020 年から続くこの情勢の中でも、本展は一度もバトンを落とさず幸運にも開催を継ぐことができました。私たちは高校卒業の頃から続くマスク着用と自粛を求められる青春時代を過ごしてきましたが、本展での先生方の取り組みを通じて、適切に挑めば諦めなくて良いということを学びました。この情勢の 3 年間、継続できましたことに深く感謝を申し上げます。13 年目の U-35 2022 記念シンポジウムをただ今、終了させていただきました。まずは出展者の選出から大変悩まれ、先ほど GOLD MEDAL を授与いただきました芦澤先生より、今年の出展者を振り返り、選出時から GOLD MEDAL の選考に至る思考の経過と印象をお聞かせください。また本年は来週の伊東賞受賞者ともに、来年出展へのシード権も与えられます。2023 年の審査委員長を務めていただく平沼先生にも感想をお聞かせください。

芦澤：本当にお疲れさまでした。今年の出展者たちは特に、自分なりの建築のビジョンというものがあるので選出の時点から非常に悩みました。最終の評価としては、「新しい建築の可能性」を展覧会で示してくれている人に GOLD MEDAL をあげたいと思い、佐々木さんを挙げました。

平沼：本当にそれぞれの方にオリジナリティが存在し、比較評価では位置づけられない難しい審議だったので、最終の選出に迷われましたよね。

芦澤：そうなのです。自戒を込めて本当はゴールド 1 作ではなく、シルバー 3 作だったらいいのになぁ、と逃避しながら半分本気で思っていました。

倉方：その経緯を感じるからこそ、涙するほど喜んでくれました！

全員：アハハ。

五十嵐淳：シルバーだったら泣かなかっただろうね（笑）。

芦澤：本当に悩みました。ロシア館の佐藤さん＋サーシャも建築のクオリティはすごく高かったですし、山田さんの建築のビジョンや、新しい積層という工法を愚直にトライしようとしている姿勢に魅力を感じました。最終は、佐藤さんたちと甲斐さん、佐々木さんの 3 者で迷ったのですが、佐藤さんたちは僕が選ばなくても他で賞を与えられるだろうと思いました。甲斐さんもそういう意味では今後、評価されてくるだろうし、佐々木さんへ GOLD MEDAL を与える人は、僕しかいないでしょう。そんな評価軸を議論の時間で読み取りました。

全員：アハハ（笑）。

芦澤：今年は来週の伊東賞もありますしね（笑）。議論にもありましたが、佐藤さんたちの「つくろう」という言葉。ロシア館以外の新しいプロジェクトについて、この「つくろう」ということが果たして彼らのオリジナリティの言語になっているのかなということが疑問に感じ、腑に落ちなかった。この言語からつくっているものに対して更に加速させるような可能性をあんまり感じられなかったことから、ゴールドは出さなくても良いと判断していきました。一方で甲斐さんは、根源的な建築について悩みながら、ものとしてはしっかりとできていた。「それのそれらしさ」という言葉で表現していましたが、彼が提言していることというのは「何か新しい建築を示唆するものではないか」と思うようになりました。でも僕の判断では結局「それのそれらしさ」という概念を、最終的にもので示すことができていない。要は、与え創られる形というものが結局何だったのかということが言及されていなかったので、ゴールドではないように思いました。そしてそれほどのマニフェストを掲げていない佐々木さんが残った。

全員：わはは（笑）。

平沼：いや、そろそろ出展者はエコネイティブな世代として、冒頭で挙げられた「展示で示された評価軸」としての選出に行き着いたという経緯ですね。

芦澤：はい、そうです。評価したのは展示に対するスタンス。模型を梱包してきて開ければそのまま展示空間として構築していく。その姿勢が非常に建築的だなと思いました。また梱包している材料や緩衝材も全て収納ができているという箇所も評価しました。色々なプロジェクトの中で建築の

意味や意義、建築が扱う範囲を模索して、彼はまだそれはスタディーだと言っていましたが、U-35展覧会としては、このように新たなものに挑戦していく姿勢を評価したいなと僕は思っていたので、彼を GOLD MEDAL に決めました。

平沼：そうですね、僕たちどの事務所でも模型の保管や展覧会時の移設には悩みを抱えているものです。芦澤さんが仰るとおり、その着地点を見据えながらの展示と、必然的に分解組立ができる点も評価できますし、何より彼らがこの仕組みを設計したことと、その成果展示を「ひとつのプロジェクト」として建築と展示を並列して示された挑戦に僕も共感させられました。

―――― 芦澤先生 1 年間、審査委員長のお役目を果たしていただき深く感謝を申し上げます。そして昨年の審査委員長を務められた吉村先生。この前後の 3 年間、主体となりシンポジウムの発表形式に修正を加えてくださいました。このプログラム修正の効果を振り返っていかがでしたでしょうか。

吉村：この建築の展覧会は、とてもフェアだなといつも思うのです。選出の時から展示場所を決めることもそうだけど、シンポジウムの壇上では、見ている人に遠慮して言い方を控えるということもなく、ただ、建築家同士が居酒屋で話しているかのように皆さんが話します。聴講者の方たちにとっても、これがとてもいいと思うんですよ。一緒に会場内が考えている空気感を感じます。またプログラムの修正は、凄く良かったと思います。全体の時間の配分もすごく適切だと思いましたし、長くもなく短くもない適正な時間にできたからこそ議論も深まったと思います。

倉方：確かにそうですね。時間のリズムも会場との一体感も感じました。

──────　ありがとうございます。そして本展のアニキ分的な存在、五十嵐淳先生、太郎先生、本年の開催はどのような感想をお持ちでしょうか。

五十嵐淳：例年通りでしたかね。

藤本：なになに？そんな冷たいこと言わないでくださいよ！（笑）

全体：ガハハ～（笑）。

五十嵐淳：藤本はこういうのがいいと思っているだろうけど、僕は、あなたたちのシンポジウムの議論は理解できません。

平田：最初、凄く辛口な挨拶から始まって、コメントを求められた時は、良いことだけ発言してたじゃない（笑）。

五十嵐淳：（笑）えぇ？僕、辛口で何か言ってたかな。

永山：「展示を見てたら眠くなっちゃったよ～」って（笑）。

平沼：アハハ（笑）ねぇ、淳さん、誰を推していたんですか。

五十嵐淳：いやぁ、（笑）。僕は甲斐さんがいいなと思っていたんだけどね。でもいろんな共同幻想が世の中に存在するわけで、藤本平田にはマニアックな共同幻想があるわけなんだよね。

藤本：この本に、「そうじゃない」と去年の対談誌面に書いてあるじゃないですか！（笑）

五十嵐淳：こんな音楽が好きだという主張。例えばビートルズみたいに、世界中の人たちが好きだというアーティストもいれば、少数しかファンがいないアーティストだっていたりするわけで、どちらが正しいということではない。だからあなたたちは何が言いたいんだろうと。可能性を伸ばす

ためなのかもしれないというのはわかるのだけれど。

藤本：僕らは別に誰が一番偉いと言いたいわけじゃなくて、それぞれ皆さんの中にある可能性を言葉で掘り出したいんですよ。

平田：（笑）僕たちは建設的な話をするために集まっている訳でしょ。だから話をするときの足場を作らないといけないと、仮設しようとしていた訳ですよ。

五十嵐淳：もちろん話を掘り出したいという意図はわかるんだけどさ。自分たちの足場に寄せすぎなんだよ。いろんな足場があっていいわけじゃん！

藤本：そう、僕らは僕らの足場を建てるんだけど、淳さんにも建ててほしいのよ。

倉方：一緒に建てようよ！（笑）

藤本：冷たい態度をとられると、僕らも寂しくなっちゃうじゃない（笑）。ただ足場を平田がつくってくれたのに対して、違う仮説をつくりたければ、その足場に載らなくても好き勝手に建てていけばいいじゃん！

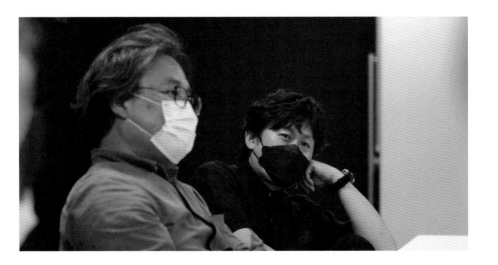

五十嵐淳：そうだけどさ、建て方にもいろいろあるから難しいなぁ（笑）。

藤本：そこをみんなで建て散らかしていけばいいと思うんですよ。結論として審査委員長がどの足場の仮説で議論を進めて掘りあてるのか、選べばいいだけの話だからさ。

五十嵐淳：だけどさ。そのことで、佐々木さんのような雑な仕事で展示してくる人を選んじゃうじゃない。結構、このゴールドは影響力あると思うよ。本当ならもっとそこはバランス良く、強く彼らに伝えていかないといけないんじゃない？

藤本：そこは審査委員長も出展者を信頼していいんですよ。雑にはつくっているけれど、佐々木は大丈夫、やれる人です。むしろクライアントの事を考えて、器用にまとめちゃっているな、という印象の方が不安な点だった。

平沼：淳さんの建築を想う気持ちからの、精度や姿勢を汲み取った仮説的足場の議論を来年、期待していますね！来年当番するだけに緊張してきました（笑）。

一同：わはは（笑）。

五十嵐太郎：新しい構法や材料をテーマにする展示もあったり、ほとんどが原寸の空間を体験できる展示だったりして、展覧会全体として素晴らしいし、大変良かったと思います。また先ほどまでのシンポジウムも、後半の議論の時間がいつもより長くとることができ、キャッチボールが続いて、聞いている人も僕たちも満足したんじゃないでしょうか。良い会になってきましたね。

————　ありがとうございます。それでは本年に修正しましたプログラムのまま、もう 1 年、このまま試してみることにさせてください。ここで本年よりご参加いただくことになりました永山先生、本展も通じてこの U-35 の展覧会とシンポジウムを「新鮮な目」で見ていただいて、どのような感想をお持ちでしょうか。

永山：凄く面白かったです。やっぱり出展者の方たちは、議論で言葉を投げ掛けられるから、何か返そうとする。そのキャッチボールが面白いんだなと思いました。別に投げ掛けた言葉そのものに強く意味があるというよりは、キャッチボールを生む場が大切なんだと知りました。私は初めてで

したので冷静なテンションを見ていたのだけれど、彼らも一生懸命に、あることないこと、何かわからないけれど返してくる、それが面白くて（笑）。

平沼：名言も残してくださいましたよね。言葉は乗り物だと。さすがです。

倉方：我々の伏線を全部回収されましたね。

永山：いやぁ（笑）。居酒屋に集まるとこういう議論になることもありますが、壇上では私たちのような上世代と、加えて会場にいる来賓や聴講者、そして学生などに世代を超えて投げ掛け、いやいや違うよーと言い合えるのは、良い場だなと思ったし、なかなか私はあんな風に投げかけられないから面白いなと思って見ていました。議論を生むことがこの場の特徴。それに対して反応もある。だからもう少し投げかければ良かったなという初回の反省もあります。

藤本：言葉は乗り物だと、会場全体にすごく響きましたね。

平沼：乗り捨てて、最後に残っているものが建築だという名言が残りました。

永山：だけど一方で、言葉とセットじゃないと残らないんですよね、私の父が研究者なので、絶対に言葉にしろと言われ続けてきました。途中までは乗り物であり道具だけれど、最後にもう一度言葉に

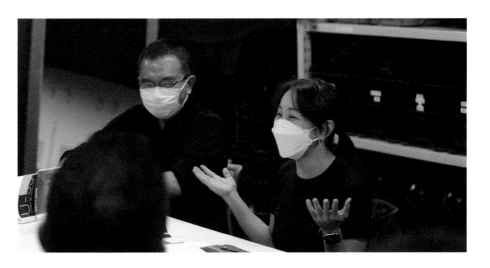

しろというのはその通り。だから最後、発言させてくれと言った森さんの言葉は真実だと思います。例えば青木さんがプロジェクトごとに、いつも最後に文章書かれる際、担当者は一言も聞いたことがない。でもそれが真実なのだととても思うようになりました。やっぱり、最後にできた時に、もう一度俯瞰して見て残っていた言葉は、本当はこうだったんだと思った言葉を共に歴史に定着させていく。その過程が凄く面白い。いろんな議論というプロセス。グチャグチャとなっている部分がこの舞台に出ていること自体、本当に貴重だし面白いなと思いました。でも一つだけ文句を言いたかったのですが、甲斐さんはとてもいいのですが、2017年の卒業設計の時の説明のままだった。そんな昔のままで説明しちゃだめだよと思いましたし、その様子を見たときに彼はあの頃のままで止まっているのかなと。それはちょっと悶々としすぎじゃないかな。ここでは彼らの将来を見せてほしいのです。

U-35 2022シンポジウム会場の様子

五十嵐太郎：なるほどなぁ。僕もレモン画翠の学生設計優秀作品展で、同じ金田研究室の系統が近いプロジェクトを見た記憶が蘇りました。

永山：1番でしたね。だからこそ、今回ちゃんと説明しなきゃいけなかった。

倉方：同じことの延長線で取り組んでいるのなら、その先を説明しないと次にいけないということですね。

五十嵐淳：そうね。先日、新潟に行った時に、平田の処女作を見てきたの。あれは一番いいんじゃないかなと思った。だから変わることもいいかもしれないけれど、それを貫くことでもいいわけだけどね。

藤本：貫いているのなら、その貫いている今を見たいよね。

平田：そうそう。貫くということは変わっているということだからね。

五十嵐淳：それはそうだね。永山さんには貫いている感じに見えなかったということなんだ。

永山：時間が進んでいるわけですから今やっていること、今回の展示について、当時のことを説明されるよりも、今を聞きたいですね。

平田：基本的に、同じストーリーでしたよね。

藤本：むしろ少し劣化してたのかもしれませんね。

永山：今回は、結構ジオメトリーが強かったですよね。

藤本：それは相当悶々としていますね。

永山：だからそういう意味での差がまた、ひしひしと感じたのです。

───── 2017 年に、第 1 回目の「10 会議」が発足され、本展のあり方を議論させていただく中で、出展者の選出方法として他薦である推薦枠を追加し、1 他薦・推薦枠、2 自薦・公募枠、3 シード・指名枠との 3 枠といたしました。また 2019 年の開催中、GOLD MEDAL を獲られた秋吉さんから、出展者世代の方が若手の同世代の存在を多く知っているとのご助言をいただいたことから、今年も出展者の皆様から、それぞれ 2-3 名のお薦めリストをいただき、これを参考に、皆さんから推薦される方を選出いただきました。来年の 10 名による選出者の簡単な紹介を五十嵐太郎先生よりお願いいたします。（1987 年 4 月生まれ以降の方が応募可能・2023.3 月末日時点で 35 歳以下）

【2023 年推薦】審査委員長：平沼孝啓

０１. 五十嵐太郎　● 福留愛 ｜ iii architects

０２. 倉方俊輔　● 大村高広 ｜ GROUP

０３. 芦澤竜一　● 大野宏 ｜ Studio on_site

０４. 五十嵐淳　● 竹内吉彦 ｜ t デ

０６. 永山祐子　● 久米貴大 ｜ Bangkok Tokyo Architecture

０７. 平田晃久　● 笹田侑志 ｜ ULTRA STUDIO

０８. 平沼孝啓　○ 2023 年 審査委員長のため不選出

０９. 藤本壮介　● 小林広美 ｜ studio m!kke

１０. 吉村靖孝　● 小田切駿 + 瀬尾憲司 + 渡辺瑞帆 ｜ ガラージュ

【2021 年推薦】審査委員長：吉村靖孝

０１. 五十嵐太郎　● 原田雄次 ｜ 原田雄次建築工藝

０２. 倉方俊輔　● 太田翔 + 武井良祐 ｜ OSTR

０３. 芦澤竜一　● 山口晶 ｜ TEAM クラプトン

０４. 五十嵐淳　● 森恵吾 + 張婕 ｜ ATELIER MOZH

０５. 石上純也　● 岸秀和 ｜ 岸秀和建築設計事務所

０６. 谷尻誠　● 鈴木岳彦 ｜ 鈴木岳彦建築設計事務所

０７. 平田晃久　● 松下晃士 ｜ OFFICE COASTLINE

０８. 平沼孝啓　● 榮家志保 ｜ EIKA studio

０９. 藤本壮介　● 板坂留五 ｜ RUI Architects

１０. 吉村靖孝　○ 2021 年 審査委員長のため不選出

【2022 年推薦】審査委員長：芦澤竜一

● 佐々木慧 ｜ axonometric

● 石黒泰司 ｜ ambientdesigns

○ 2022 年 審査委員長のため不選出

● 森恵吾 + 張婕 ｜ ATELIER MOZH

○ 不選出

○ 不選出

● 西倉美祝 ｜ MACAP

● Aleksandra Kovaleva + 佐藤敬 ｜ KASA

● 杉山由香 ｜ タテモノトカ

● 甲斐貴大 ｜ studio arché

上記の他薦・推薦枠より 2-4 組、自薦・公募枠により 2-4 組、
● 推薦枠・公募枠による選出数は、当年の審査委員長・選出数による。

五十嵐太郎：今年の佐々木さんを推薦した時と同じく、毎年見ているせんだいデザインリーグで知った方で、福留さんです。佐々木さんとは違い、福留さんはファイナルの審査に残らなかったのですが、そこからもれた人を評価する仕組みのエスキス塾で、高く評価していました。その後横浜国立大学に通われ、今はユニットで活動をされています。卒業設計では、「窓の宇宙」という詩人の文学館を提案していて、新しい空間の形式を創り出す能力がある人だと思いました。今回のお薦めリストに彼女の名前があるのを見つけ、まだ若いのであまり実績は無いかもしれないけれど、僕としては期待している若手建築家の卵です。

倉方：私は大村高広さんを推薦しました。彼の論考を読んだことがあって、興味深いなと思っていたことと、戦前のモダニズム建築から三岸好太郎アトリエの改修を手掛けているので知っていました。今回のお薦めリストに名前を見つけ、行き着いたつながりを知ってみたいと感じました。建築になる以前のものの論考と、モダニズムのリノベーション。今回の出展の計画がどのようにリンクするのかを非常に楽しみにしています。

芦澤：僕の研究室の人をリストで見つけまして、大野宏さんを推薦します。彼は院生の時にフィリピンの被災地に通って教会やトイレをつくり、今は、地域に入って設計と施工の両方をやって活動しているような人です。推薦者の中に、そういう人が一人入っていても面白いかなと思い推薦しました。

五十嵐淳：リストの中から、各々のインスタグラムを見ていたら、この人、なんだか好きだな、と思って選びました。全然知らない方ですが、竹内吉彦さんです。

永山：久米貴大さんです。プリミティブな素材を使いながら洗練された建築をつくっていて、私は一度、バンコクでお会いしたことがあります。生前、小嶋一浩さんが海外に出ろと言っていた世代が多く出た時代があって、寺本さんや佐々木さんなど、その影響から下の世代も外に出ているのが素晴らしいなと思い、海外に出て頑張っている人を応援したいなと思いました。現在はベトナムなどでも活動している様子ですが、特にアジアは、建築と美術に対してなかなか作品評価を得ることが難しい地域で、大変奮闘されているのだろうと思います。

平田：笹田侑志さん。ウェブで見ていると、かなり意識しているドローイングで、誇大妄想みたいなものと、とても小さなスケールが共存する世界観。直観ですが、それが面白くて興味を覚えました。

藤本：最近、万博会場のトイレなど、比較的小さな建物を建てる若手を選んでいたのですが、その中から小林広美さんを選びました。

平田：何をやっていた人？

芦澤：石の柱みたいなものですね。

吉村：僕は、渡辺さん＋小田切さん＋瀬尾さんの三人組ユニットを推薦しました。建築家の集団とも言い切れない感じで、建築設計と映像作家と演劇、セノグラファーの三人で組んでやっているチームで、作品はあまりないと思いますが、100年かけて劇場を作るプロジェクトや、学生を集めて喜界島建築フィールドワークを開催したり、面白いことをやりたがったりしている人たちです。早

稲田の卒業生で、若干身内ではあるんですけれどね。

——— ありがとうございます。それでは、この他薦・推薦枠より2-3組、自薦・公募枠により2-3組、GOLD MEDAL 受賞者と TOYO ITO PRIZE 受賞者のシード枠から2組＝計7組を、来年の審査委員長、平沼先生に選出いただきます。選考の際のお相手（対談）は藤本先生にお願いし、大阪に来られる、応募締切翌日の1/21（土）朝11:00に平沼事務所で行う予定です。どうぞよろしくお願いいたします。それではここで、万博の会場プロデューサーを務められ大阪に通われる藤本先生が、吉村先生、そして平田先生らと、本展の過去出展者世代を中心に、若手建築家の皆様へ向けてコンペを開き、広く万博へ関わる建築家の方々と共に、2.5 年先の開幕に向かわれておられます。'70 より継がれた'25 万博の時限的な「建築の博覧会」のような開催に期待を寄せ、本展の誌面を通じてご共有いただけないでしょうか。

藤本：長年開催を続けてきた大阪での取り組みですからね。'70博のときにも建築だけに限らず、アートやグラフィックの分野のたくさんの若い方々が活躍されたとお聞きしています。ここにいる僕たちの世代の皆さんも、もちろんこの万博に関わってくださっていますし、せっかく万博を日本でやるのだから、建築を目指す若い人たちと一緒に世代を超えて盛り上げたいと思っています。僕らは 50 歳を過ぎ、個人的には子どもも 2 人目が生まれ、親目線の意識もそろそろ芽生えてきていますし（笑）、当然 U-35 や建築学生ワークショップ等、AAF の活動にずっと取り組んできたことで、そういう意識が自分の中に生まれてきたのだと思っています。若手の皆さんの取り組みについては、トイレや休憩所、ポップアップステージなどの小さな建物を 20 個ほど、吉村さんや平田さんにも加わってもらいながら審査し、数日前に中間発表を行いましたが、とても面白い会になりました。若手の皆さんは割と無鉄砲に進めていて、全然ビビっていないのが特徴です（笑）。どこかで巨大な壁にぶつかりそうな気もしますが、そこまではとにかく「頑張れ〜」と応援をしています。若い建築家たちがこれからの社会を担っていくわけですし、今日もそうでしたが、若い建築家なりの直感で掴んだ新しい世界観みたいなものが僕らにとっても凄く刺激的で、「努めるというのは、こういうことではないかな」と解釈したり、僕たちなりに意味を見つけたりするのも楽しいです。それを来年以降、この先も含めて継続していきたいと思います。

——— 最後になりましたがこれから応募される若手へ、メッセージをいただけないでしょうか。五十嵐淳先生、五十嵐太郎先生、永山先生、最後に来年の審査委員長平沼先生にお願いします。

五十嵐淳：自分が思い描く幻想、共同幻想という言葉が今頃気になっていて、今の時点での自分が自信を持って本当にいいなと思うような幻想を、大声で言えるような応募案をいっぱい見てみたいです。仮に、響かなくても本気でそれを信じていれば、いつか必ず何かになる可能性があります。もちろん審査委員長に響けば、選出されたこの場で、掘り下げることが叶うでしょう。だからまずは、挑戦から始めてください。

五十嵐太郎：いつも新しい才能に出会えるのを楽しみにしています。今年も 2 組、ロシアや中国など、国際的なメンバーのユニットが選出されましたが、コロナもだいぶ落ち着いてきましたので、海外を拠点にしている建築家、若手の人にももっと参加してほしいと思います。それから U-35 の宣伝が、大阪の街の中で増え、目立っています。なので、建築界だけじゃなく、一般の社会でも強い存在感をもつようになったので、参加することできっといろんなチャンスが増えると思います。そういう効果があることも知っていただいて、ぜひ応募してください。

永山：「未完成なものを出して、議論に乗せたい」と言っていたのを聞いて、「凄くいい会だなぁ」と、しみじみ思いました。どうしても完成形を見がちだけれど、この会の良さは、未完成なものを一回議論してみたいなと思って持ち込める土壌とそれが許容されている包容力がある。これだけのメンバーが集まるので当然ですが、「自分が信じているものを誰かにぶつけてみたい、テーブルの上に乗せたい」という挑戦的なものも出していい場なんだな、ということですね。来年も楽しみにしています。

平沼：この 10 人の持ち回りで、10 年ぶりに回ってくる審査員の当番。今は自薦で挑戦をしてくる公募枠、そして先ほど皆さんに挙げていただいた推薦枠 8 組、そして今年の GOLD MEDAL と来週

の伊東豊雄賞のシード枠 2 名を含め、皆さんと果敢に議論できる猛者たちをがんばって選出したいと思います。例年通りですと 50 組を超える方たちが応募されますから、応募資料ではなかなか読み取れないことも何とか読み取るように努めたいですし、まだ誰にも気づかれていない価値を見つけたい。探検者のように発見し、価値の位置づけができるよう目指していきますので、推薦の他にも意欲を持っている若手の方が周りにいたら、応募するよう、どうか背中を推してあげてくださいね。とはいえ、結果としてほとんどを落としてしまう嫌われ者にならなければいけません（笑）。

一同：あはは（笑）。

平沼：審査員とは得てして、嫌われ者になる宿命を背負った役割です。あらゆる場で輩となる方々が担われ、僕たちの多くもその挑戦者となってきた分、落とされた痛みも理解されない苦悩も、相当思い返せます。しかし自分が選ぶ立場となり、バトンを一度も落とさず継いだ結果が「進歩」と言えるのかもしれません。多数決でなく一人で選出する重責を担って選ぶことも記録となります。今年の GOLD MEDAL の佐々木さん、伊東豊雄賞のおそらく凄い 2 組がシード枠で出展されると 5 組の選出ということになります。倍率が 10 倍となる狭き門になりますので、審査基準は、「これからの時代の『あらたな批評性ある建築』を発見したい」と公表しておきましょう。さぁ、皆さんビールをお待たせしました！これから出展者と共に、打ち上げに参りましょう！（笑）。

一同：わぁい！おつかれさまでしたー（笑）。

―――― 本日は、展覧会会場での視察にはじまり、4 時間余りのシンポジウムの後、この 10 会議の場にご参加いただき、貴重なご意見をいただけて感謝しています。最後となりましたが、来年のシンポジウムは、2023 年 10 月 21 日（土）と決定しておりますので、皆さま、14 年目の開催もどうかよろしくお願いいたします。また本年の開催の良いことも、良くないことも含めて、話題にしていただければ、とてもうれしく思います。どうかこの後、10 日間の会期中もぜひ SNS 等を通じて、応援をいただけますようお願い申し上げます。皆様、大きな拍手で閉会とさせてください。本日は、誠にありがとうございました！

2022 年 10 月 1 日

大阪・梅田 グランフロント大阪　北館 4 階 ナレッジシアター・控室

—— 2010 年、一度切りの企画展として開催された当時の U-30 は、三分一や塩塚、そして五十
嵐淳らが新たな批評を生み出す議論の場を設けるものとして開催され、聴講に来ていた五十嵐太
郎の突然の登壇起用や、伊東豊雄の「継続した比較ができ、若手への登竜門的な存在」となるこ
とを期待した言葉が発せられた機会となった。もちろんこの場には、平沼孝啓、そして藤本壮介
がいた。以後毎年、出展者と議論を交わすため会場に駆けつけている。互いに 20 代の頃から藤本
壮介を知る平沼孝啓によると、「まっすぐに建築に向かう青年」だったと、当時の印象を話す。共
に U-30、U-35 の頃、建築家の駆け出し時代に取り組んだプロジェクトや、コンペ＆コンテスト
を多数経験してきた二人が、あらためてファウンダーとして本展を通じた建築展のあり方につい
てどのようなことを思い、どのような方向へ導くことを望むのか。開催当初から考察を続けて 14
年。二人が「これまでの 10 年の建築界」と「これからの 10 年の建築界」について近年感じてい
ることや、今回の U-35 の出展者をはじめとする「建築を志す若い建築家へ」向けたメッセージ
も含め、対談方式で議論を交わした内容を記録する。

平沼孝啓（ひらぬま こうき）建築家

1971 年大阪生まれ。ロンドンの AA スクールで建築を学び 99 年平沼孝啓建築研究所設立。
08 年「東京大学くうかん実験棟」でグランドデザイン国際建築賞、18 年「建築の展覧会」
で日本建築学会教育賞など多数を受賞。

藤本壮介（ふじもと そうすけ）建築家

1971 年 北海道生まれ。東京大学卒業後、00 年藤本壮介建築設計事務所設立。主な作品にロ
ンドンのサーペンタインパビリオンなど。第 13 回ヴェネチア・ビエンナーレ金獅子賞（日
本館）など多数を受賞する。

藤本：平沼さん、こんにちは！

平沼：藤本さん、サンドイッチを用意したので、今日は遅めのランチ対談にしましょう（笑）。

藤本：わぁ、ありがとうございます。やりましょう！（笑）今年の応募者の傾向はいかがですか。

平沼：今年は、推薦枠・公募枠の応募者にそれほど差がないように感じました。2 度目、3 度目の応募
の方も 4-5 組いて、積極的な価値の提示と自分自身を見つめ直すような提案が多く、本展に存在する
本来の意図を汲み取ってくれているように思いました。昨年、誰が獲ってもおかしくない展示と発表
の状況で選出者となり、受賞された経緯を思い返すと、やはり金賞の佐々木慧さんと伊東賞のアレク
サンドラ・コヴァレバ＋佐藤敬さんたちの応募資料・ポートフォリオは一読したところ、圧倒的な気
がします。

藤本：なるほど。ではシードの 2 組は決まっているから、あと 5 組ですね。

平沼：2017 年に 10 会議を発足し、翌年の図録に記録するようになったのですが、その後、出展者の選考はどのようにされているのかと問い合わせがあったもので、2018 年の出展者選出、審査委員長（平田晃久）との対談を赤裸々に、翌年の図録に掲載することにしまして、以降毎年続けています。このサンドイッチを食べているところも記録に残すの？

AAF：はい！ぜひ記録に残させてください！

平沼・藤本：アハハ。（苦笑）

藤本：僕が選考・審査を務めた 2015 年も平沼さんと対談した記憶があります。ずっと選考の記録を残しているのですか。

平沼：はい。最近は毎年の行事のようになっていて、結果として記録が残っています（笑）。当時、藤本さんの事務所は現在の越中島じゃなく、印刷工場の上の神楽坂事務所でしたね。2014 年に参加年齢を 30 歳から 35 歳に上げ、毎年持ち回りで 1 人の建築家・史家が審査委員長を務める公募による出展者選考を記録に残すことで、来場される未来の出展者や教育者の方たちと、ひとつの事例として傾向を共有していただくことを目的としました。来年、永山祐子さんに審査委員長を務めていただくことで一巡し、ゴールドメダルを設定した初年度の審査委員長だった藤本さんがその翌年の 2025 年、偶然ですが万博開催の年に二巡目が始まります。本年の開催は、あらたな地平線を見つけるための助走になればと思います。

藤本：この 10 年で、いろいろ変わったように思いますが、変わらないものもありますね。万博が始まったら暇ですから、我らの建築の展覧会の審査委員長を、肝煎りで務めさせていただきます！（笑）

平沼：どうでしょう（笑）、きっと忙しくて大変なことになりますよ。昨日、万博の運営プロデューサーの石川勝さんのお話では、愛知万博の際、各国賓の方たちが会場に来られ、会場全体説明をしろ〜！と引っ張りダコだったと。各国への説明って、何ヵ国あるのかってね（笑）。

藤本：わぁ、それだとメチャメチャ大変じゃないですか（笑）。石黒浩さんに説明用ロボットをつくってもらわないといけません！アハハ（笑）。

平沼：名案だ！2025 年は、藤本さんの予定確保の対策が必要そうですね（笑）。あらためて 2022 年 10 月のシンポジウムでの議論から 4 ヶ月が経ちました。ゴールドメタル、そして伊東賞の決定の場に立ち会っていただいた藤本さんに、まずは総評をお願いします。

藤本：昨年は凄く勢いがありましたよね。前年までの展示を見て「よっしゃ、もっとやってやるぞ！」という勢いが年々増してきているようにも思います。一方で、新しい動きが出てきているかと言われると、そうとも言えるしそうでないとも言える。まだフワッとしているような印象を持ちました。万博でも若手 20 組が建築に取り組んでおられますがなんとなく感じるのは、35 歳以下だとまだクライアントがそれほど多様にはいない状況なので、大学で盛り上がる建築の傾向のままとりあえず社会に飛び込んでいったところ、何かズレとか意外性を感じ、それを手がかりにそれぞれが自分の道を切り開こうとするまさにその瞬間に立ち会っている感覚があります。いろんな経験を積んできて、単に学生時代には「この人面白いね」と言われたり学生当時に評価された優秀さというだけではない、いろんな道を探り始められる経験と状況に直面して自分ならではの道を見つけ出しつつある。しかもこの現代の社会の状況が本当に大変になっているから、どこで自分が「活き活きと」やり始められるかというのをちょうど発見し始めるのが、多分 over 35 くらいの年齢なのかもしれない。そう思うと 35 歳以前以降という自身のせめぎ合いが見られる貴重な場のように感じます。

平沼：U-35 以前以降…なるほど、そう称してもよいように思います。僕たちの 15 年前を思い返しても、実感できるように思います。

藤本：そうそう。僕たちの世代はU-35以降になってもまだある種、建築への幻想みたいなものがあったから、それなりに同じような方向を向きつつ、それぞれのフィールドやリアリティで戦っていたと思うのです。特にU30／U-35の場が生まれた時期でもあったので、当時は他愛もないやりとりでもより密にやっていましたし、いろいろ直接話したりすることで見えてきたのかもしれない。昨年の出展者たちもそうだけど、ある種の建築へ向かう原初的な衝動みたいなものに突き動かされていて、それが勢いになって出てきている貴重な時期なんだなという感じがしました。それが結果として逆に空回りになっている方もいるんだけど、作家のルーツの確認ができたり共有することができる。しかし年代がどんどん若くなってくると、学生の時に共有しているような幻想を抱く建築というもの自体も、いろんな方向を向き始めるような気がします。そこは社会性のあるリアリティを持った理論を大切にしてほしいですが、その中に飛び込んだ時に初めて見えてくることもあります。時代の変換期に社会に揉まれる、かなり面白い時期ですよね。

平沼：さすがの見立てですね。学生の時に描いていた側面と、社会から影響を受けつつ時代の価値の見出していく方法論、その両面から、迷うという言葉は適切ではないかもしれませんが、何かを見つけようとしている探検者のような時期なのかもしれませんね。決して諦めてはないし、学生ほど何かの結果を得ようと急ぎ足にもなっていないし、ちょうど良いバランスの頃合いなのかもしれません。

藤本：素晴らしいですね。

平沼：建築は地域や土着性に委ねられることも含まれますし、宗教観や政治、紛争にも左右されます。建築家として、目指す建築に向かう者たち（日本のこの潮流）の傾向は、世界的に見てもこの年齢、35歳くらいが1つの分岐点になっているのでしょうか。フランスにも拠点を置き、建築界のジェットセッターと称される藤本さんに一度、聞いてみたかったのです。

藤本：僕もまだフランスの、特に今の若い人たちのリアルな雰囲気を十分には理解しきれてはいないので、一概に言えないのですが、ただ僕がフランスでやり始めるきっかけとなったモンペリエの建物でコラボレーションしたフランスの建築家たちは、当時30代半ばくらいのはずで、向こうでは戸建ての住宅の設計プロジェクトはあまりないから、公共的なコンペに他国の誰かと一緒に出したり、同世代のベンチャー・デベロッパーみたいな人と一緒にプロジェクトを動かしたり、既知的なデベロップメントではないネットワークで仕事をつくろうとしていたりして、いろいろ取り組んでいました。でもそれが全てうまくいったわけではなく、10年近く経ちましたがその間、彼らのいろいろな紆余曲折

を見てきました。2人の建築家のユニットだったはずが、途中で分裂して少しずつ方向性が変わっていって、なんかすごい仕事を取ってきているなぁと思ったら急に仕事がなくなったりして（笑）。

平沼：まず仕事があって、クリエイターが集まるということはありましたよね。35歳前後までの青年期に、蠢く時期というのか、アメーバーのように分離集合して生み出される欧米での仕事の取り組み方。僕たちの時代にもその潮流があったように記憶しています。

藤本：当然、コロナもあったりしてすごく影響を受けていますね。平沼さんは海外に頻繁に通われるのでよくわかると思うのですが、日本よりも、建築に求められているものというのが、かなり枠にはめられているというところがあります。日本は特に小さなプロジェクトだと良い意味で結構、ハチャメチャな状況でも建築が実際に建ち上がったりする。だけど海外だと建築のコンペになってしまっている時点でかなり枠にはまっているし、社会が求める建築の枠というのものが結構ハッキリしているので、その枠の中で最適化しようとして戦っているなという感じが彼らにはあったんですね。もちろんそういうところも経験によって成熟していくのでしょうが、一方で日本の若い建築家が良い意味で、建築というものの枠をそもそも取っ払った状態でいろいろなことを試していて、何かを切り開いたりするみたいなことが起こっているのは、日本独自なのではないかなという気はしますね。

平沼：個人的に感じるのは、ＮＹだと資本分配から集まるディベロッパー始動型のプロジェクトのあり方に嵌まるいわゆる組織設計事務所のような立場を当然のように求められ、資本ヴォリュームから効率性を導く生産設計に特化したチームが最新のＡＩを駆使し、最適化の輪郭を決定づけます。当然、その

輪郭の内部か、輪郭線をちょっとずらして馴染ませる中で、知性の勝負に挑むか（笑）、いわゆるハコの内部のインテリアで表現を求められることが多いように思います。それも私設のコンペが多いように感じます。マンハッタンだけに焦点を当てると、小さなお店のインテリア程度しか個人のアトリエが関われる案件がない。逆にその裏側、文化度の高いパリでは、小さい店舗とか住宅とかはあるものの、皇帝文化みたいなものがなんとなく感じられて、人脈とかどこの出身なのかが重要視されているような感じがするのですが、藤本さんからはそう感じられませんね（笑）。

藤本：それは全然わからないですが、まあ、あるかもね（笑）。

平沼：建築の背景には、僕たちにはわからない何かがあるのかもしれないし、ないのかもしれない。それは日本でも同じでしょうけれどね。

藤本：でも人の繋がりでプロジェクトが動いていくのは、どこも一緒のような気がします。ただその時に、フランスのディベロッパーは、結構、大きな会社だからといって人が見えないかというと、社長や担当者のキャラが濃かったりします。特にフランスは人と人との関係でものごとが動いていくため、会社を相手にしているというより、そういう意味でのリアリティみたいなのはありますね。

平沼：フランスはアメリカに比べると大企業が少ないので、100 人以下単位くらいの小さい会社がいっぱいあって、内政よりも周辺の人と人脈が重要になっている。逆にアメリカは資本提携や株式の仕組みによって、大会社になっている可能性が高くて、そういうことも含めて少し人の顔が見えにくいかもしれません。すぐ担当者がいなくなったり、部署ごとなくなったり、

凄くスピードが早い気がします。やはり国ごとに事情が異なるんですね。

藤本：そうですね。でも、U-35 に応募してくれた人たちは、自分の周囲にある種の社会を感じとって、自分たちなりの社会感みたいなものと、自分の間を繋いでいくことの意義を考え、時代背景は違うけど、僕たちの中にもあったようなこともきっと感じてくれているのでしょう。今年の選出者たちの国籍はいかがですか。

平沼：迷っている人の中に、中国を含めアジアで活動をされている方たちがいますが、応募者にはヨーロッパからもありますね。

藤本：平沼さんズバリ！いかがですか。

平沼：そうですね。藤本さんに今の話を先に聞いておきたかったのは、この審査をする時に、何か審査基準を設けないと、好き嫌いでは選べない気がしていましたし、このことで人生を左右するとは思わないですが、意思や想いを持って応募してくださっているので、そこはちゃんと真剣に受け止めないと、と思い結構読み込んだのです。実作で応募した方が多いのですが、一つの何か特徴的な考え方を使っているとか、これに沿った手法の人を選ぶとかということでもないので、できれば新たな才能に出会いたいと思っています。それは今までにない、全く新しいものを出してきた人を採択するものののでもなくて、グローバルに多様化した社会で僕たちの世代が気がつかなかった価値に気づかせてくれるような、「新たな価値に出会いたい」と思うのです。一応全資料を何度か読み返して、このテーブルに 15 名くらい選びました。

藤本：この中から選抜していくのですね。海外勢もいっぱいいますね。でもこの 2 組は良さそうですね。

平沼：そう、昨年の芦澤審査委員長が選んだゴールドメダルと、伊東豊雄さんが選んだ佐々木さんと佐藤さん＋Kovaleva さんの資料を見てみるとやっぱり圧倒的で、選ばれた中から選ばれただけあって、さすがによくできている。しかしこれは批判するわけではないのですが、佐々木さんの展示計画が、少し仕組みは変えてきているものの同じような手法として…。

藤本：佐々木くんは忙しくし過ぎだね。

平沼：案としては昨年同様。良く言うとブラッシュアップしてきたような展示プラン。

藤本：悪く言うと手抜き！？

平沼：ワハハ（笑）藤本事務所の元所員でしたね。

藤本：じゃぁ、佐々木くんにはダメ出しだ！（笑）

平沼：いやいや、そんな風に言わないであげましょうよ！（笑）

藤本：いや、提出し直しですね（笑）。

平沼：（笑）門下生っていいですね。師匠の愛を感じます。それで佐藤＋Kovaleva さんも展示するプロジェクトは同じで、見せ方を変えるというような…。

藤本：えぇ！？そうなんですね…前年の受賞者の応募は落とせないレギュレーションにしているんでしたか？

平沼：まぁ、シード権というのは昨年、上世代 10 名の建築家・史家と、伊東さんに挑戦し認めさせたという実績の上での副賞ですし、展覧会の場で皆と知己を深め、自信もついたでしょう。SNS で昨年の出展者の方が仰っていましたが、この大きな建築界で価値を発見してもらったり、位置づけれられたりするのは、結局、その多さでも大きさでもなく、誰に見てもらえるかの重要性が増してくる時代だと発信されていました。コヴァレバ＋佐藤さんたちの場合、特にコロナ禍で行きづらい「ロシア館」をもう少しちゃんと見せたら良いんじゃないかと昨年、皆さんに言われていましたので、ちゃんと見せようという意図は感じますよ。

藤本：しかしリラックスし過ぎていませんか。いや、この計画はブラッシュアップしてほしいですね（笑）。

平沼：（笑）展覧会の出展を目的にした応募書ですので、展示計画はもっと考え抜いた力一杯の提案が欲しいという藤本さんのお気持ちに共感しますが、でもこの 2 つは通過が決まっています。一昨年、

靖孝（吉村）審査委員長から、出展者が初めて集まる出展者説明会の際にエスキースをすることになり、今年は、来年の審査委員長である永山さんと一緒に出展者説明会に出て、僕と永山さんで展示計画のエスキース、相談をしようと思っています。そこで選考はここからなんです！上世代からの推薦枠でこの2名を見ています。一人は大野宏さんという、万博で小さな建築をつくられている方ですね。

藤本：あっ、トイレですね。グループで設計していました。

平沼：自然素材をうまく利用しながら実現しようとしている。この方は芦澤さんの推薦で、初期の芦澤研だったと思います。丁寧に素材の特性を活かしながらつくろうとしていることに好感が持てます。それからこの方たちは早稲田出身でガラージュという3人のトリオ、女性1人、男性2人の関西勢です。

藤本：小田切さんはSANAAを出られた方ですね。兵庫で活動されているのですね。

平沼：映像に特化した方、演劇に関わる方、建築の設計をやっている人のユニットで、隣接するクリエーション分野の人たちが集まって、1つのストーリーを示してくれるのではないかなと思いました。

藤本：凄いじゃないですか。大胆なことをやられていますね。

平沼：ドローイングは少し石山修武さんを彷彿させる感じもあって、このようなセクションを描いていたり、少し懐かしさもありつつ、新しさも追求しているような方たちだと感じました。ここまでは

確かかなと思って出しました。つまりもう 4 組決まってしまうのです。そこで自薦応募の桝永さん。伊東さんのところに長くいた方です。エルミタージュ美術館のコンペを担当されていたりするのですが、計画性の良さとセンシティブなデザインができている方のような気がして、最近の主要なプロジェクトにも関わっていたようなので、一度呼んでみたらどうかな、と思いました。

藤本：こういう方は、良いですね。

平沼：はい。続いて大島さんと小松さんです。大島さんは藝大出身ですね。

藤本：隈さんのところにいた方なんですね。「風景研究所」って名が良いですね。展示プランもなかなか面白いですよね。

平沼：僕も魅力的に映りました。ここまでは読み込めばスムーズに決まりまして、あっという間に 6 組なのです。でもここからが問題で、つまり残り 1 枠だと思うと…。

藤本：緊張しますね。

平沼：そうなのですよ。これでいいのかどうか、見返したくなっていて…。また戻ったり進めたり…。

―― お二方とも再度、読み返す…

平沼：藤本さん、公募枠から、上海で活動しているこの方をどう判断すれば良いですか。

藤本：21年に平田が推薦した方ですね。うーん、

平沼：はい。吉村さんが落選とされた方なのですが、今年は公募で再挑戦されました。まだ住宅や小規模の建築をつくっておられる様子ですが、でも何かを起こそうとされている気がするのです。

藤本：うーん、落選でしょうか。先ほど海外と日本の違いについて話しましたが、日本では良いのか悪いのか最終的にはわからなくても、そのよくわからない状態のものを建築にしようとする。この松下さんは、既視的な建築の枠が固定した中での試みである感じがあって、そこを見比べた時に物足りなさというか、もっと自身を問い直しても良いんじゃないのか、という感じが出ている気がしますね。でも一方で、彼をフォローするわけではないですが、世界的に見た建築の信頼性ということを考えた時の安心感はある。当然ポジとネガの2つに分かれますが、とはいえ日本のドメスティックな中で対話してつくっていくのだったら、こういう、建築にはならないかもというのがあり得るかもしれない。でも対話のレンジの広さみたいなものを考えた時に、ある共通の価値観の中でのみ、受け入れられるようなことを示していくことが本当に良いのかという問いもありますよね。だからそこは難しい問題ですよね。

平沼：本展は、若手でも「建築家による展覧会」と題していますから、やっぱり俺が私がというゴリゴリの作家気質ではなく、作家本人の、かたちにならないオリジナリティというものを大切にしたいので判断が難しいです。もう一方、彼をどう見るかなんですけど、東大卒でヌーブ出身者。最近は公共もされていますが、太田さんが遊んでいた時代と言ったら叱られるけど、いろいろ面白いことをやっていた時代の方なのか、影響を色濃く受けている様子が見受けられます。こういうワークショップ形式でつくっていくものって、この10年くらいの潮流としてあった、結果的には人の和む場を構成する椅子、家具、パーゴラみたいなものをつくるところで留めているのか、この先があるのかというところがこの資料では見えてこなかったのです。

藤本：僕が選ぶわけではないけど、僕ならこちらを落選にするかな。

平沼：ありがとうございます。なかなか迷い始めるとわからなくなってくるので、答え合わせのようなものに付き合わせてしまっています。続いて推薦枠から竹内さん。五十嵐淳さんが推薦された青木

事務所出身の方で、この人はインテリア的に上手なんですよね。内部空間の構成の仕方や合わせミラーの拡張していくような手法、昔、谷尻さんがやっていたようなことをもう少しスマートにやっているような感じがあります。あとは青木事務所のファサードデザイン、ファサードエンジニアリングにはすごいものがありますから、すごく力のある人でしょうね。これと並走して見てほしいのが ULTRA STUDIO の笹田さん。竹内さんと同じ時期に青木事務所にいた方なんです。

藤本：この方は平田の推薦でしたか？

平沼：はい。少し青木事務所っぽくない、昔の磯崎さんっぽい感じがします（笑）。それくらい力強いものをつくろうとしている感じがします。

藤本：青木さんをすっ飛ばして磯崎さん？拗らせてる感はすごいですね（笑）。

平沼：それでこの 2 人で戦わせるのか…もう 1 組、実際は女性 3 名のユニットなのですが、あとのお二人は勤めていらっしゃるので福留さんお一人での応募です。五十嵐太郎さんの推薦で、2021 年にY-GSA を出たばかりで活動されています。これが全くわからないんですが、実作をひっさげてきてないので情報が読み取れない分、想像力が働きます。この新たな才能にかけてみるのか…

藤本：おぉ、良いですね。うんうん、これでしょ！

平沼：ははは。ものとものの重ね方も同じ連動性で重ねないで、ずらしてひっくり返してずらすみたいな、なにしろ力が有り余っている感じにも見受けられました。

藤本：ただプロジェクトを見ると、意外とまとまっていますよね。僕らが迷うのは、そこに物足りなさを感じてしまうからだね。最初のペーパーのインパクトに対して少しちゃんとしすぎているのではという気がします。

平沼：さあ、ここから 1 つ選ばないといけないんです。

藤本：7組目は福留さんなんじゃないですか？これ僕が言っちゃって良いのですか？（笑）

平沼：同じ意見だったので良いです（笑）。それでは今回落選された人たちがたくさんいるのですが、どういうとメッセージを残してあげたら良いでしょうか。

藤本：来年また是非アップデートして出してくださいねということですね。

平沼：建築をやっている人はある程度同じ紙面、雑誌を読んで、世界的に見てもわりと同じ方向を向いていた気がするんですよ。だから建築を学んでいる学生たちがすごいというイメージがあった。でも今は価値も変わってきたし、わからないじゃないですか。

藤本：そうですね。しかしこれは大変な時代ですね。世界的に見ても分からなくなってきているから、サステナブルとかみんながわかりやすいところにとりあえずしておこうみたいな感じがありますよね。

平沼：そうではない人たちがいると信じたいし、出会いたいなと思うんです。

藤本：自分自身から生まれてくる問題意識とか、なんか知らないけれどこうなっちゃうんだね、みたいなところ。だけどそこに閉じて自己満足しているのは嫌ですよね。「私はこう思うんです、以上」みたいなのは当然ダメなんだけど、自分でもわからないんだけど自分の中から出てきてしまう不思議な形だったり空間だったり問題意識だったり、みたいなものを、どうにか世界と繋げようと「もがいている」ような作品がやっぱり魅力的に見える気がしますよね。

平沼：それはどういう言葉で伝えてあげたら良いんでしょうか。

藤本：そうですね。でもそれを誤解なく伝えるのは非常に難しいですよね。一方で社会正義みたいなことが問われていて、一方でそれはあなたのポエムでしょうと言われてぞんざいに講評されてしまった人たちもいるわけですよね。でもポエムが悪いのではないですし、わからないですね。

平沼：そういう共有の価値性みたいなものも存在するんでしょうね。

藤本：するんですかね。

平沼：するからこそ、最終的に審査委員長が決めるゴールドメダル賞も、腑に落ちる。ええー！と思う人が受賞することはない。そういう共通言語と言うか、そういう共有価値というものがきっと存在すると思っているのですが、本当はない？

藤本：いや、ないと言ってしまうのも変な気がするけど、あると言ってしまうのも変な気がする。そこに正解がありそうに見えてしまうのは少し嘘くさいですよね。

平沼：淳さんが呻きそうな、そんな姿が目に浮かびますね（笑）。

藤本：（笑）仮に社会というものがあった時に、そことの関係をどう取りなすのかというのは様々な方法があって、結果として建築の現れも様々になってきた。だけどこのよくわからない社会というものと設計者という人との間にその人ならではの関係を取りなしながら、同時にそれによって社会の見え方が他の人からもちょっと変わって見えるような新しい発見だったり、新鮮な視点みたいなものが提示されていると、自分ではそれをやらないかもしれないけれど良いよね、面白いね、という感じると思います。

平沼：展覧会出展者 7 組が決まったんですけど、公募と推薦のバランスが良くなりました。近年は審査委員長ディレクション展とも囁かれる U-35 ですが、出展者を含め僕にも、どういう展覧会にするべきか、メッセージをいただけないでしょうか。

藤本：やはりそれぞれの皆さんがオリジナルで日常にやられている手法や考え方が、いろんな形で伝わる展示になると良いですよね。ああいう場は、活動の深みを示す場じゃないですか。在廊し直接話したりできますし、展覧会が持つ、表現する側と来館される方も含めた我々受け取る側の関係が結構、密でもある。その辺りまで信じてつくってくれると良い気がします。我々だけではなく、あの場に来る人たちを信頼して、いろんなレイヤーの考えが表現されたものを見たいです。

―― 最後になりましたが、3 年前の春。誰も状況が掴めない情勢が始まり、開催が危ぶまれた 2020 年 4 月 3 日。若手の出展者は誰も出席されない中、藤本先生、平沼先生が、あの日、会場に駆けつけてくださいましたおかげで、継いだバトンを一度も落とさずコロナ禍を終え、本年は 14 年目を迎えます。またコロナ禍中に、相当、集中されてお二人で取り組まれた′25 大阪関西万博も着工されました。本展の卒業生たちも多く取り組まれている「建築の博覧会」に向けて、「建築の展覧会」は今年、どのような開催を望まれておられるのでしょうか。

平沼：2020 年 4 月の出展者説明会では、U-35 開催初年度から中心的な存在だった藤本さんはどう判断されるのか、聞いてみたのです。その時期は県境をまたぐ移動を推奨されない時期でしたが恐る恐る…、そこで藤本さんは「いや、逆に海外へ出られないので大丈夫ですよ！」と、倉方さんと僕以外、誰もいない会場に来られたのです。でもその会が盛り上がり、その年の展覧会を無事に開催できた。おそらく藤本さんが来られなければ、きっと僕は、開催を諦める準備を始めていたかもしれません（笑）。出展者本人たちはそれほど気がつかないものなのでしょうが、スポンサー企業の方からは協賛を見送りたいという申し入れが連なり、設営施工者からも経営が難しいという報告を受け、運営する学生たちは気が気ではなかった。秋の開催を実現するには、春の出展者説明会がなければ、施設・会場・協力関係者の士気が高まらない。コロナを理由に結果として 3 年間延期していたら、そのままズルズルとあらゆることが失われていったことでしょう。心配のような親切心からでしょうが、相当な方たちから開催に対してネガティブな言葉が事務局に伝えられました。主体者である出展候補者たちが後ろ向きな応対をしたことで諦めることは簡単にできたのですが、多くの方たちの意見を聞き、一つ一つを緩やかに手当てする中、運営するのがその下世代の学生たち。行動を制限されながら学生生活を送る彼らと、長引くであろう、ウィズコロナの取り組みを一緒に学びたいと思うようになり始めました。

藤本：そういう経緯だったのですね。確かに平沼さんに様子を聞かれ、行きました。まあバトンを落としたら拾えば良いんですけどね（笑）。

平沼：拾って走れと（笑）。

藤本：これは毎年楽しみにしていることなのですが、次の時代、これからの時代がどうなっていくんだろうというのが予感できたり、ハッと気が付かされたりするようなものを見たいのです。

平沼：そうですね。それが一番ですよね。

藤本：どこかフワッとした上に正解が浮かんでいるのではなくて、建築家それぞれが個別の視点でこの世界を見た時に初めて見えるもの。でもそれが建築になって目の前に表現された時にみんながそれに気付くことができる。そこがやっぱり建築を通じたクリエーションの面白さですよね。とは言いながら、毎年なかなか面白かったけれど、次の時代は引き続き混迷の時代だよねという感じになってしまいますが。それでも毎年新しい新鮮な驚きがあると良いですよね。

平沼：フレッシュな感じ、新鮮さってとても大切ですよね。今更、藤本壮介っぽい人が出てきても、二番煎じだと言われます（笑）。僕たちの世代、または上の世代には全くなかったような、いわゆるニュータイプ、そういう人たちに出会えるのが一番楽しいなと思います。

藤本：あと U-35 の卒業生を含む万博の 20 組を見ていると、ちょっと背伸びするというか、他の人に見られたいという背伸びではなくて、自分がどこまでいけるのか、目を瞑ってとりあえず走り出してみようみたいな感じがあるのです。万博のコンペだったからというのもあるのか、過剰にテンションが上がっちゃっているのが逆にすごく面白い。結構、めちゃくちゃなことをしているんだけど、そこでもがきながらなんとかしようとしているのが感動的で、さらにもう一歩踏み出して行く姿勢。そこがフレッシュで、既に皆がもがいてきた人たちだと思いますが、さらにもうひと飛びしようと（笑）。

平沼：（笑）期待からついつい欲張りになってしまいます。本当に 35 歳前後って沸々とした何かがうごめいていて、その中から何かが出ようとしている時期だと思うので、それが見たいんですよね。

藤本：そうそう。何かわからないものが出てきちゃう時期ですよね。それは本当にその時期にしか出てこないからね。だんだんみんな賢く立ち回ってしまうから。

平沼：うまくアジャストしてしまったり（笑）。

藤本：そうそう。それは確かに 30 代、まさに U-35 世代の、大切な観点がありますよね。20 代後半から 30 代半ばくらいの間に突き詰めて出てくる何かですよね。

—— ありがとうございます。本展会場と隣接する、2024 年のまちびらきの開発計画を開始したうめきた二期での常設展、建築ミュージアム構想をする上でも、本展は、継続した開催から何を得て、どのような意味を持ち、そして本展は、どんな位置づけを目指せば良いのでしょうか。

藤本：建築ミュージアムというのができるのですか？

平沼：大阪という地域性を活かした常設展として、日本の聖地を含めた近現代まで建築の展示で魅力を伝え、実際に向かってもらうような観光的な視点と、企画展として、安藤さんを皮切りに U-35 までの日本の建築家を紹介していくようなミュージアム構想を望んだのですが、現在地としては、メディアアートを含めた商業的ミュージアムのようになる様子です。

藤本：えー、建築的な面白い発想なのに。ダメそうですか。

平沼：猪子さんのチームラボのように、建築ミュージアム構想は世界に事例がないことで説得力に欠けるのと、建築へ向かう市場の成熟度が国内ではまだ足りないと。まぁ、建築界にいる僕たちの努力不足ですね。でも一度見たメディアアート展のリピート率が低いことに言及される方もいて、きっとこの U-35 の引っ越しくらいから緩やかにソフト面で、建築展として企画展に入っていくように考えられています。

藤本：緩やかに。そうなれば素晴らしいですね。いつくらいからですか。

平沼：できあがるのは 25 年だから、本展の移動は 26 年以降になると思います。建築展という一般の方たちがあまり見に来られないコンテンツを、もう少し一般化する必要があるのでしょう（笑）。それをどういう手法でやれば良いのかというのを藤本さんにお聞きしたかったのです。

藤本：これは、U-35 をはじめとした建築展全般的な話ですね。

平沼：いや、世界を見渡しても、これまでの建築展で、これだけ長く継続しているものはないそうです。だから少々、責任を感じ始めたのです（笑）。

藤本：いや、でも凄いですよね。僕たちはただ面白がってやってきたじゃないですか。それが継続している理由のひとつですが、意味を成すのは素晴らしいことですよね。

平沼：そうなんです。促してやってもらうのではなく、僕たちが面白っている様子を見て、若い人たちがだんだん楽しんでくれている様子が伺えます。でも太郎さんからはそろそろ、1 つのたたき台というか、手本になるから真面目にやった方が良いよと（笑）。若い人たちをもっともっと焚き付けて、僕たちではできなかった建築展のあり方を示してもらうのも一つの醍醐味じゃないかと囁かれるんです。

藤本：なるほど、その観点が素晴らしい。でも僕も思いつかないのです。やはり原寸展示でしょうか。

平沼：原寸展をやりはじめたのは安藤さんですが、過去の建築展では図面、模型、映像のアーカイブを見せる程度でしかなかったのですね。

藤本：まず安藤さんの建築は、原寸モックアップで見ても、まず見たいと思わせてくれますよね。

2017 年の国立新美術館で開催された安藤忠雄展での光の教会の原寸展示もそうですけれど、原寸であの場所を体験したという強さが記憶に残ります。ただ、自分の建築を考えても原寸で見せて人が来るかといわれると、全然人が来なさそうじゃないですか（笑）。

平沼：それなら普段、中にはなかなか入れない Tokyo Apartment を原寸で再現したら来ますよ！パブリックではなくて、住吉の長屋のように、プライベート的なものの方が貴重ですよね。

藤本：わぁ、是非やりましょう！「これだけはどうしても見ておきたい！」というものじゃないとやっぱりダメだと思うのです。それに展示室って空がなかなか見えない。安藤さんの光の教会なら、あの十字の向こうが違う風景でも、外は白飛びしているから大丈夫なのですが、そういう場所性からの風景の与え方が原寸展示の難しさとしてありますよね。

平沼：原寸以外の方法はないですかね。これからの建築の展覧会のヒントとして最後に聞かせてください。

藤本：その提案を U-35 のこれからの出展者たちに生み出してもらって、表現の手法を新たに導いてもらいたい。

平沼：それを提案してもらうのが十数年建築展を継続してきた U-35 への希望、楽しみなんですよね。

藤本：というのを、ぜひ今日の記録の最後に、必ず入れておいてください！（笑）

一同：ありがとうございました！

2023 年 1 月 27 日
平沼孝啓建築研究所 にて

「時代より先に変われ。」

　建築の展覧会は、一般的なファイン・アートの美術展とは異なり、展示での発表が主体とならないことから、展示手法と目的に違いが生まれ、系図が示されず、発展途上の分野であるといわれてきました。それは、それぞれの人が暮らす地域にある、実際の建築の方がより身近な存在であることと、建築展が開催される頻度や時期が不規則であることが多く、継続した開催を続けるものでなかったために比較にならず、定着しなかったことがひとつの理由でしょう。非日常的な存在性を放ち、常識に対する新たな視座を示していくアートに対して建築は、私たち人間が生きていくための場所として生活を守り、活動を促すために存在しています。つまりその場所に根づいた産業や自然環境とともに、歴史と、その地域に生きた人の生活文化を映す鏡といえます。だからこそ、その建築の空間性にその場所が持つ自然の豊かさを表現したいと、建築家たちは未来へ向けた願いを提案します。有形、無形を問わず、人を感動させる力を持ったものに備わる豊かさの中には、人間の創造力を働かせ、計り知れない努力を重ねた上に成り立つような「テクノロジー」と「芸術性」が存在するものです。本年の出展者である彼らもまた、これからの社会環境をつくっていく時に、このような芸術性の高い空間をエンジニアとして実現させていくことで、人のためだけでない、後世の自然も含めた環境との共存のあり方も同時に探りたいと模索しています。

　それは近現代、世界から日本の建築家及び、日本の建築技術が評価され続けている理由にあります。二千年も続く日本の歴史年表と共に併走する独特な建築文化に秘められた伝統技法の継承です。現在も、二十年に一度、伊勢・神宮で行われる式年遷宮、あるいは六十年に一度行われる島根・出雲大社の御遷宮のように、一見すると同じ建物を繰り返し作り直しているかのような遷宮は、その時代ごとに合わせた先端的な手法と伝統技術を合わせて継承しています。また建造した後、戦争や落雷、暴風により損壊した奈良・東大寺では、何度も繰り返し民意の力で再建されてきました。つまり一度建築をつくれば千年残すような欧州文化と違い、一度建築をつくれば、そのつくり方という手法の継承を千三百年～二千年もの間、人につなぐことで、技法を高めていくような文化を持つ民族だからこそです。本展は、まさに、私たち日本がもつ言語をあらためて知り、現代社会の位置づけを、建築の歴史年表の行間から将来を読み取ることを可能とすることでしょう。

　昨年 10 月 17 日より公募による募集を開始しました本年の出展者募集は 1 月 20 日に締め切り、選考を開始しました。近年は毎年、建築家・史家 1 名による選考が行われ、2014 年は石上純也、2015 年は藤本壮介、2016 年は五十嵐淳、2017 年は五十嵐太郎、2018 年は平田晃久、2019 年は倉方俊輔、2020 年は谷尻誠、2021 年は吉村靖孝、2022 年の芦澤竜一と継ぎ、本年 2023 年は、平沼孝啓が審査を務めます。

大学へ入り意欲的に建築を学んだ「建築の第五世代」と称されるアトリエ出身者の系譜を継ぐ者や、海外で建築を学んだ経験をもつ者たちが選出され、その出展作は、地域に根ざした建築や改修プロジェクトが多く、街の風景に存在し続けた建築に新たな時代の価値を与えるような提案が際立ち、近い経験で立場が異なるスタンスの設計活動に取り組む出展者が、短く限られた時間の中でひとつの展覧会をつくりあげ、同じ時代背景の中で学んできた同世代だからこそ生まれる「新たな価値」を示しているように感じます。特に、公募による選考で選出された出展者たちは、自発性と積極性が高まり、展覧会に取り組むことで建築家としての意識が大きく変わることもあるでしょう。ジュニアからシニアまで世代を超えた来場者が若い建築家へ新鮮さを求める状況そのものが、本展を継続して開催する意図に重なるのかもしれません。

　第 14 回目となる、建築家への登竜門「U-35 Under 35 Architect exhibition ｜ 35 歳以下の若手建築家 7 組による建築の展覧会」を今年も開催いたします。2010 年より大阪・南港 ATC にて開催をはじめた本展は 5 年間の開催を設け、6 年目の開催となりました 2015 年より、関西の玄関口・大阪駅前に位置するグランフロント大阪・うめきたシップホールにて開催を継ぎ、大阪・関西という街が応援する U-35 として、建築のプロセスを体験してもらおうと、受け継いだバトンを毎年一度も落とさず本年の開催に挑みます。本年は『時代より先に変われ。』という時代変革のディレクトリをテーマに、完成時点でひとまず停止する実際の建築を見てもわかりづらい、一般者にとっては高度な設計手法をわかり易く体験型で示しているのが特徴です。つまり建築の竣工後には理解しづらい「設計や施工のプロセス」、「実際の建築として使われた後の状況」を展示で表現すると共に、繰り返し行われる設計の「スタディ」から生まれた、「タイポロジー」としての構造のアイディアや、室内環境のコントロールに「トポロジー」としての考え方を盛り込んだ意図を紹介します。また会期中には、日本の建築文化を深く理解される、建築関連の企業や団体との関連イベントを開催すると共に、連日、出展者による「ギャラリー・トーク」や、出展者の一世代上で日本を代表し活躍される建築家たちによる「イブニング・レクチャー」など、若い世代だけでなく、建築界全体の広がりに想像力が働くような取り組みを試みます。本展の出展者をはじめ、シンポジウムに登壇される建築家が、建築を目指した頃のきっかけを示すような、後進者の希望につながる実践を体験する場となり、これからの社会を築く現代の人たちにとって、将来への希望や期待につながるような機会となることを願います。

　最後になりましたが、本年の展覧会の実現にあたり、ご支援・ご尽力をいただきました関係者各位のご厚意に、心より深く御礼を申し上げます。

profile

出展者情報

大島碧＋小松大祐《二重らせんのビル》

大野宏《Poiesis -3つの素材と技術-》

小田切駿＋瀬尾憲司＋渡辺瑞帆《建築の再演》

Aleksandra Kovaleva＋佐藤敬《ふるさとの家》

佐々木慧《非建築をめざして》

福留愛《南城の家》

桝永絵理子《ハニヤスの家》

大島／1987 年生まれ。東京藝術大学建築科卒業。同大学院在学中にミラノ工科大学建築社会学科留学、2014 年修了。隈研吾建築都市設計事務所を経て 2020 年東京大学工学系研究科建築学専攻博士後期課程修了、工学博士。2018 年より風景研究所共同主宰。
小松／1987 年生まれ。慶応義塾大学システムデザイン工学科卒業。同大学院在学中に上海にてインターン、2013 年修了。隈研吾建築都市設計事務所を経て 2018 年風景研究所共同主宰。2019 年慶応義塾大学理工学研究科非常勤講師。2018 年より風景研究所共同主宰。

1992 年生まれ。Studio on_site 代表。滋賀県立大学環境科学研究科博士後期課程在籍。2014 年から東南アジアを中心に個人の活動を初め、2020 年から日本でも活動を開始。土地に根付く素材・人の持つ技法を活かし、地域特有の建築を再編成し、現地の生活の背景を持つ建築をつくる。竹や葦や石など身の回りに溢れる素材を、伝統的な職人技法から新たなデジタル技術までを用い、土地に存在する力をかたちにする。敷地の上で、土地の人と実験を繰り返すことで、設計を行っていく。受賞歴として、SD レビュー 2018SD 賞、関西大阪万博で休憩所等を設計する若手建築家としても選出される。

小田切／1991 年生まれ。2016 年早稲田大学大学院修了。2016–20 年 SANAA を経て、2021 年ガラージュを共同設立。
瀬尾／1991 年生まれ。2016 年早稲田大学大学院修了。2017 年-建築映像作家として活動しながら 2021 年ガラージュを共同設立。
渡辺／1991 年生まれ。2016 年早稲田大学大学院修了。2016–18 年フジワラテッペイアーキテクツラボを経て 2021 年ガラージュを共同設立。劇団青年団員。
ガラージュは、建築、映画、演劇に関わる 3 人によって結成されたアーキテクト・コレクティブ。建築を広くデザインの問題へ接続する媒体と捉え、多岐にわたる分野の設計・制作に取り組む。

Kovaleva ／ 1989 年モスクワ生まれ。2014 年モスクワ建築学校 MARCH 大学院修了。2014-19 年 石上純也建築設計事務所を経て、2019 年 KASA / KOVALEVA AND SATO ARCHITECTS 共同主宰。2022 年東京藝術大学 COI 嘱託研究員。
佐藤／三重県生まれ。2012 年 早稲田大学大学院修了 (石山修武研究室)。2012-19 年 石上純也建築設計事務所を経て、2019 年 KASA / KOVALEVA AND SATO ARCHITECTS 共同主宰。2020-22 年 横浜国立大学大学院 Y-GSA 設計助手。2023 年 横浜国立大学非常勤講師。

1987 年長崎生まれ。2010 年に九州大学卒業、2013 年に東京芸術大学修了の後、藤本壮介建築設計事務所に勤務。プロジェクトリーダーとして国内外で多数のプロジェクトに携わる。独立後、2021 年に axonometric Inc. を設立、主宰。家具デザインから、複合施設、ホテル、住宅、レストラン、プレファブ建築開発、都市計画まで、国内外で多種多様なプロジェクトを手がける。進行中のプロジェクトに〈NOT A HOTEL FUKUOKA〉、〈2025 年日本国際博覧会 ポップアップステージ〉など。九州大学や九州産業大学、九州工業大学などの非常勤講師を歴任。2022 年「Under35 Architects exhibition」ゴールドメダル賞受賞。

1995 年鹿児島県生まれ。2021 年横浜国立大学大学院 Y-GSA 修了後、iii architects として独立して活動開始。メニー・カンファレンス共同主宰。
iii architects は、異なる出自を持つ 3 人の建築家、福留愛・殿前莉世・平井未央からなるユニット。主な作品に「南城の家」「みのりの庭」「Linear Village」「itinerant tea room」など。

1988 年東京都生まれ。2013 年慶應義塾大学環境情報学部卒業。2015 東京藝術大学大学院修士課程修了。同大学院在学中に北インド・ラダックの僧院を巡り、僧院や遊牧民との生活を通じて大地と建築の研究と修士設計を行う。2015 年より伊東豊雄建築設計事務所に勤務し、国内外で多数のプロジェクトに携わる。2022 年、建築からプロダクトなど分野を横断した活動を行う AATISMO 法人化。古代や歴史のリサーチをもとに、地域の素材や、協業する企業の技術を活かした設計を行っている。主な展示・受賞歴に Milano SaloneSatellite2022, Red Dot Design Award など。

① ふるさとの家   Aleksandra Kovaleva＋佐藤敬

「家」と「里」。近代以降、離れ離れになりがちなこの 2 つの言葉を軸に、住居という極めて初源的な建築の姿を通じて、昨年示した「繕う」という概念を建築として立ち上げたい。会場でスタディ、議論またスタディ。その準備としてのスタディを展示。

② 非建築をめざして   佐々木慧

「非建築」的な建築とはどのようなものか。ヒエラルキーから開放された、枠組みと枠組みの隙間にある関係性そのもののような、より自由で寛容ななにか。建築然としない建築、「非建築」を目指して、試行錯誤を繰り返している。

③ Poiesis -3 つの素材と技術 -   大野宏

Studio on_site は、土地の「もの」と「ひと」で暮らしの中から、地球の一部となる建築をつくろうとしている。現地の「素材」や「技術」を再構成し、人の手によって使い、そして直され、人と共に歳をとる「いきもの」のような建築を目指している。

④ 建築の再演   小田切駿＋瀬尾憲司＋渡辺瑞帆

建築を展示する時、ただ形だけを再現するのではなく、意図していた空間性や関係性をその場に合わせて再構築しながら出現させ、身体性と軌跡を持ち込むことによって、遠く離れた地にも建築を立ち現わすことができるのではないだろうか。それを建築の「再演」と呼んでみる。

⑤ 南城の家   福留愛

図面で書いていた柱を事務所の床に実寸で書いただけで、もっと大きくしたい、小さくしたいなど、話し合わずとも寸法を決定できる瞬間がある。今回の展示では、沖縄に計画中の住宅について、実寸の柱とその周りの寸法を展示することで、私たちのからだを通した実践的なスタディを試みる。

⑥ ハニヤスの家   桝永絵理子

陶芸家の両親が住む鎌倉の家に建築家の娘夫婦が移住する計画。陶芸の技術を用いた新しい景色を持つ土壁の居室を母家に増築することで構造的に支えつつ、母家はスケルトン化して共有の作業場とすることで、生活と創作が渾然一体となった原初の住処を目指す。

⑦ 二重らせんのビル   大島碧＋小松大祐

東京の狭小な事務所ビルに、人の拠り所となる「小さな風景」をつくろうと試みた。外部環境と呼応し、変化し続ける環境をつくることで、人が能動的に居場所を見つけられる建築を作りたいと考えている。

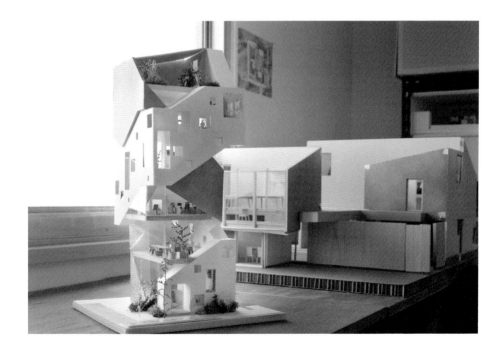

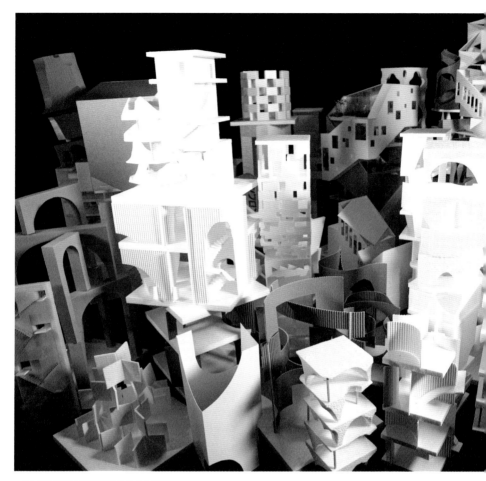

「小さな風景」を統合するらせん階段

単一の空間ではなく、さまざまな固有の空間が集まってできてくる、居場所の集合体のような建築がつくれないかと考えた。

個々の居場所は、外部の要素や環境との関係、身体との親密さ、季節や時間の移ろい、場所の記憶などに呼応するように形作られている。

建物単体だけでの論理−機能性や合理性だけでは説明できない、不確かさや曖昧さをもったそれぞれの部分は、同時におおらかで、使い手の自由なふるまいを受け入れてくれる。私たちはそんな建築的部分と、そこで繰り返されるであろうさまざまな日常の光景をまとめて、「小さな風景」と名づけた。

それは、新陳代謝しつづける現代都市のなかで、建物や都市環境が解体・再構築されても読み替え可能なエレメントの集合でもある。

　本計画は、東京都江東区にある 9x10m ほどの小さ
な敷地に建つ 6 階建てのビルである。ここでは上下
移動を豊かにするための仕掛けとしての階段室を考
えた。階段室の『チューブ』はビルの外周部を回遊
するようにらせん状に配され、それを反転したらせ
ん壁による『リボン』が対になり支えている。

多孔質な階段室は外部環境と執務室の境界をつくり、
そこでは日常の業務から少しだけ離れた創造的な活
動ができる。階段室を単なる動線空間ではなく、建
築の内外やプログラム同士、仕事場と自分の家など、
異なる空間どうしをつなぐおおらかな中間領域とし
てとらえ、開口やニッチをきっかけとした多様な居
場所をつくっている。

本展では、建築における、「連続性」、「境界空間」、「陰
影」などのテーマを取り上げながら、配置・平面計画・
構造・マテリアル・ディテールなど、多角的かつスケー
ル横断的なスタディを提示することを目指している。

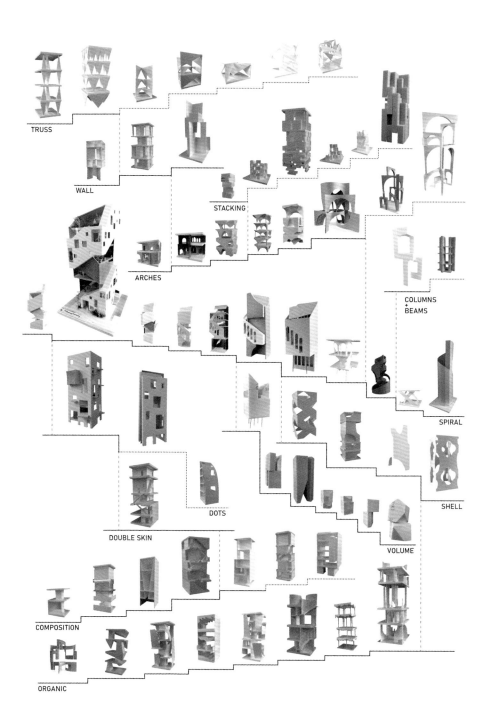

TRUSS

WALL

STACKING

ARCHES

COLUMNS
+
BEAMS

SPIRAL

SHELL

DOTS

DOUBLE SKIN

VOLUME

COMPOSITION

ORGANIC

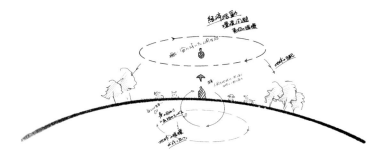

「いきもの」としての建築

Studio on_site は、土地の「もの」と「ひと」で暮らしの中から、建築をつくり出すことを目指している。建築は地球の循環の一部であり、「土地にあるもの」と「ひとの手」によって、使われ、直され、人と共に歳をとり、かたちを変える「いきもの」のような存在であるべきだと考えている。

そのため、Studio on_site は現地の「素材」と「技術」を活かし、土地に根ざした暮らしを探求しながら建築を設計している。設計の中で、現地に眠る「素材」や「技術」を再構成・再構築するために、「Poiesis」「Techne」「Desitus」という手法を用いて、建築をつくり出そうとしている。「Poiesis」とは、古代ギリシャ語で「作り出すこと」を意味する言葉であり、レヴィ=ストロースが日本の職人の技術を表現した概念です。自然の素材を人間の手によって変化させ、そのものに内在する本質を自ら外に現れるようにする手法と考えられる。ハイデンガーが提唱した「Techne」は、古代ギリシャ語では「技巧」「芸術」を意味する言葉であり、現代においては科学技術や機械技術などを指す。自然の素材を工業技術によって加工することによって、「そのものに内在する本質を、挑戦的に外へと出す」手法であると捉えらる。「Desitus」は、現代進化するデジタル技術を指す言葉である。この技術によって、規格化されにくい自然の情報を細かに読み取り、「そのものに内在する本質を、ありのままに取り込む」手法が可能にななったと考えている。これら3つの手法はどれも「ものに内在する本質を、かたちにする」技術であり、地球の中であるべき自然の姿を読み取り、人が住む巣をつくるための手法と考えている。

Studio on_site は、これらの手法を駆使して、土地の上で設計と試作を繰り返しながら、暮らしの中に眠る「もの」と「ひと」から、「ただのもの」ではなく「いきもの」としての建築をつくり上げようとしている。

共に生活し

職人の手元

朝食の風景

職人による左官の提案

地元漁師の船制作技術を建築に取り入れる

竹職人と実験を繰り返しながらつくる

察

現地住民とつくる

土地の上での設計

Poiesis：Sanoma (竹×手仕事)

Thechne：Naiko (葦×工業技術)

Desitus：Iwakura (石×デジタル)

茶道具職人の手仕事

スキャンした石に嵌まる接合部

光を透けるヨシストランドボードの制作モックアップ

土地の暮らしをかたちにする３つの手法

「Poiesis」「Thechne」「Desitus」の技術で、敷地にある素材を再構築する。その場にある素材や技術に実際に触れながら、小さな試作を繰り返し、試作の度にスケールをあげ、建築規模にする。

under 35 architects | 小田切駿＋瀬尾憲司＋渡辺瑞帆（おだぎり はやお＋せお けんじ＋わたなべ みずほ）

建築の再演

by SUNROAD

建築の再演

図面を引き模型をつくる動作や、建築をつくる職人の手つき、その中で生活をする人々の振る舞いは、建築という物体を身体によってトレースする行為のようだ。建築は、日々動き続ける事象の一過程の姿である。

建築を展示する時、ただ形だけを再現するのではなく、意図していた空間性や関係性をその場に合わせて再構築しながら出現させ、身体性と軌跡を持ち込むことによって、遠く離れた地にも建築を立ち現わすことができるのではないだろうか。それを建築の「再演」と呼んでみる。

「演劇学生のための芝居小屋シェアハウス」は、住み手となる学生と住み方を考えるワークショップをするところから設計が始まった。先に解体をして、現場で考え、立体の中に身体を置きながら、舞台装置を構築するようにアイデアに落とし込んでいった。

今後は、実際の建築の空間を生かしたパフォーマン

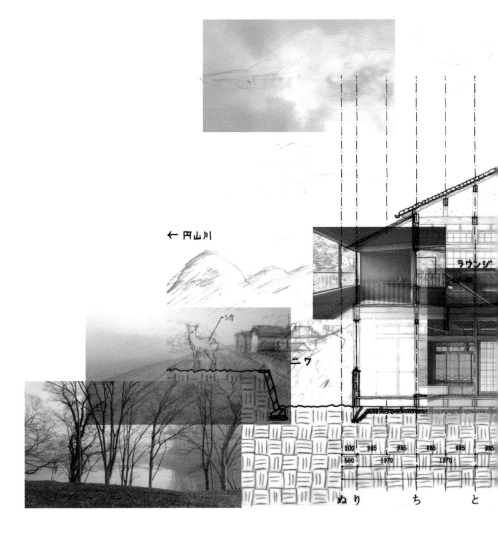

← 円山川

ラウンジ

シカ

ニワ

500 | 985 | 985 | 985 | 985 | 985
500 | 1970 | 1970 | 1970

ぬ り ち と

スを、俳優やダンサーでもある住人たちと共に、現地で創作する予定だ。何気ない仕草や小さな振る舞いを捉え、その建築がもたらす身体性を観察し、振り付けとして抽出していこうとしている。

「改修 ドーモ・キニャーナ」では、象設計集団の原設計を分析しながら改修設計・施工をしていく過程で、多くの身体的なマテリアルが生まれた。図面は現場で手描きで作成され、模型は光や風や音といったいろいろな自然現象や複雑な部材の組合せと照らし合わせながら何度も作り変えられた。また、現場で引きはがされた土壁やタイル、解体された建具やガラスなど、家族の生活や職人の手つきの痕跡が残された建築の断片が、今も倉庫に保管されている。

二つのプロジェクトは敷地が近接しており、風景を共有している。また、私たちはそこで現場のプロセスやそこに介在する人の動きを映像で記録してきた。以上のようなパフォーマンス、マテリアル、映像を組み合わせて、建築の再演を試みる。

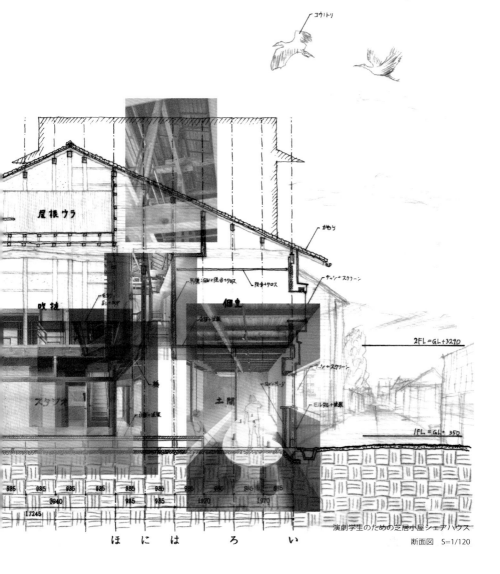

演劇学生のための芝居小屋シェアハウス
断面図　S=1/120

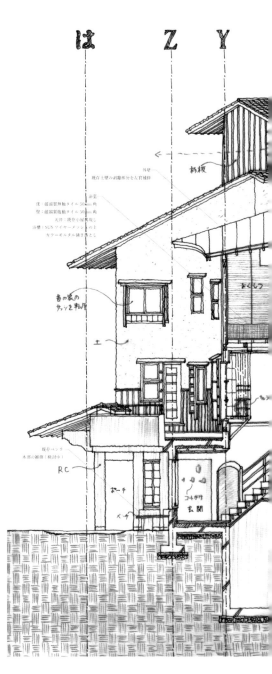

は　　　Z　　　Y

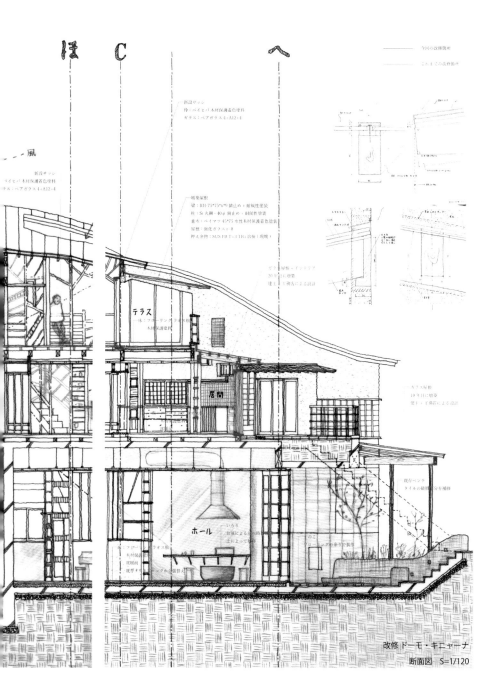

改修 ドーモ・キニャーナ
断面図　S=1/120

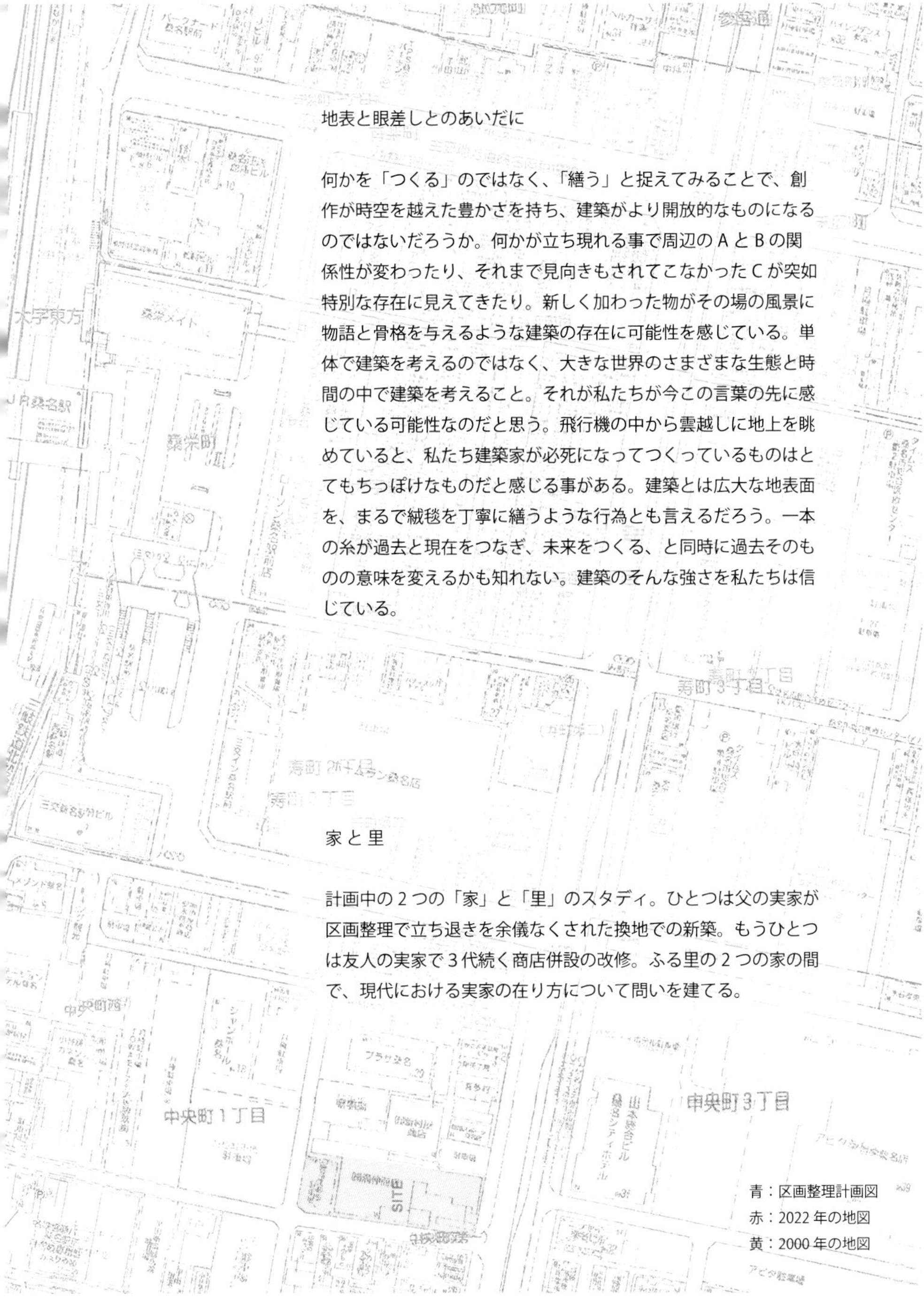

地表と眼差しとのあいだに

何かを「つくる」のではなく、「繕う」と捉えてみることで、創
作が時空を越えた豊かさを持ち、建築がより開放的なものになる
のではないだろうか。何かが立ち現れる事で周辺のAとBの関
係性が変わったり、それまで見向きもされてこなかったCが突如
特別な存在に見えてきたり。新しく加わった物がその場の風景に
物語と骨格を与えるような建築の存在に可能性を感じている。単
体で建築を考えるのではなく、大きな世界のさまざまな生態と時
間の中で建築を考えること。それが私たちが今この言葉の先に感
じている可能性なのだと思う。飛行機の中から雲越しに地上を眺
めていると、私たち建築家が必死になってつくっているものはと
てもちっぽけなものだと感じる事がある。建築とは広大な地表面
を、まるで絨毯を丁寧に繕うような行為とも言えるだろう。一本
の糸が過去と現在をつなぎ、未来をつくる、と同時に過去そのも
のの意味を変えるかも知れない。建築のそんな強さを私たちは信
じている。

家と里

計画中の2つの「家」と「里」のスタディ。ひとつは父の実家が
区画整理で立ち退きを余儀なくされた換地での新築。もうひとつ
は友人の実家で3代続く商店併設の改修。ふる里の2つの家の間
で、現代における実家の在り方について問いを建てる。

青：区画整理計画図
赤：2022年の地図
黄：2000年の地図

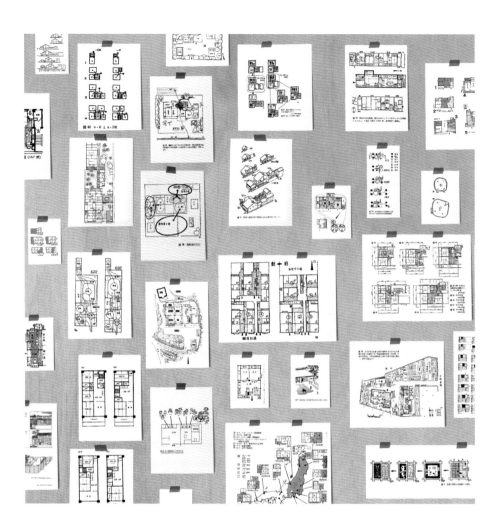

左 | 民家のスタディ

いろんな時代の家を並べて眺めてみると、その当時の社会が
どのような様子であったのかよくわかる。各々の暮らしや生
き様に思いを馳せて、ワクワクしたり、ドキっとしたり。

右 | スケッチ

生活の風景。家で、庭で、街で、昔行われていたこと、今行
われていること、未来行われるだろうこと。とにかく色々
想像してみて、家と庭と街を一緒に考えてみる。

「非建築」的な建築とはどのようなものか。ヒエラルキーから開放された、枠組みと枠組みの隙間にある関係性そのもののような、より自由で寛容ななにか。建築然としない建築、「非建築」を目指して、試行錯誤を繰り返している。

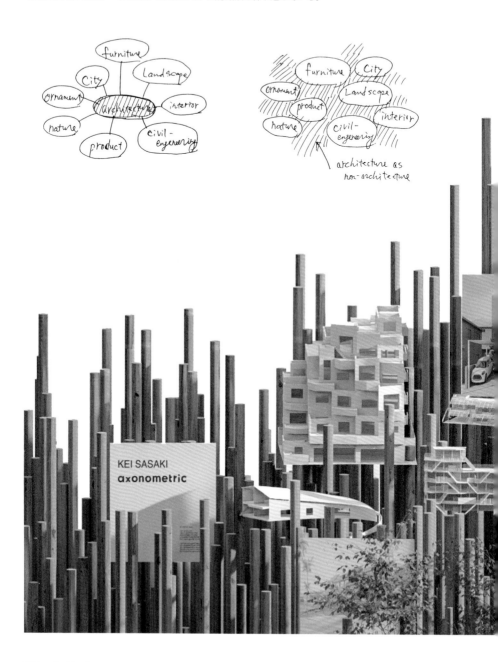

axonometricは、建築家の佐々木慧が主宰する福岡拠点の建築設計事務所である。建築設計に軸足を置き、家具、インテリア、ランドスケープ、都市計画、デザインコンサルティングなど、包括的に空間デザインに携わる組織である。

現代の建築・都市は複雑多様化し、流動的である。これまでのような、枠組みにとらわれた建築設計の態度では、建築を社会に位置づけることが難しいと感じている。そこで我々は「非建築」という言葉を頼りに、新しい建築のあり方を模索している。

「非建築」的な建築とはどのようなものか。通常、建築を設計する際、建築を中心としてあらゆる分野・要素を確たる一つの理念に基づいて統合しようとする。そこには強力なヒエラルキーが存在する。土木の後に建築は計画されるし、インテリアは建築に従属する。設備や構造、敷地条件など様々な建築の構成要素は、ある概念を持って明確に統合され、それを建築と呼ぶ。そこにはあるストイックな窮屈さがあり、流動性がなく、多様性を許容する余白がない。

そこで新しい統合の仕方として、一つの確たる要素ではなく、要素と要素の間にエーテルのように染み渡り、それぞれをフラットに統合していくものを「非建築」と呼んでみる。ヒエラルキーは解体され、より自由で寛容な、関係性そのもののようななにか。枠組みに寄らず、あらゆる物事をフラットに統合する。それはもっと緩やかで、流動的で、多義的で、相対的で、不確かなものであろう。

では、そのような「非建築」とは具体的にどのようなものだろうか。ここでは、これまでaxonometricが取り組んできたプロジェクトを並列し、言葉を与えてみることで、思考の過程を俯瞰する。その先にある、建築然としない建築「非建築」をめざして、試行錯誤を繰り返している。

axonometric is a Fukuoka-based architectural design office led by architect Kei Sasaki. It is an organization centered on architectural design and involved in all aspects of spatial design, including furniture, interior, landscape, urban planning, design consulting, and more.
Today's architecture and cities are complex, diverse, and in flux. We can no longer situate architecture in society based on architectural design attitudes bound to the conventional framework. In this context, we seek a new architecture, using the term "non-architecture" as a guiding principle.
What is "non-architectural" architecture? Usually, when designing architecture, one tries to integrate all fields and elements around it based on a single definitive concept. There exists a strong hierarchy. Architecture
is planned after civil engineering, and interiors are subordinate to architecture. Various architectural components such as equipment, structure, and site conditions are specifically integrated around a specific concept and the result is called architecture. It has a sense of stoicism and tightness without fluidity
and tolerance for diversity.
As a new way of integration, we imagine something that seeps between elements like ether, integrating them in a non-hierarchical manner. We call it "non-architecture." We can dismantle hierarchies and create something freer and more tolerant, like relationships. It would be a non-hierarchical integration of all things, something more gradual, fluid, ambiguous, relative, and uncertain.
So what exactly is "non-architecture?" Here, we take a bird's eye-view of the trajectory of our thoughts by juxtaposing the ten projects that axonometric has undertaken and explaining them with words. Through trial and error, axonometric strives for "non-architecture," an architecture beyond the status quo.

白金のオフィスビル
2024
オフィス

NOT A HOTEL FUKUOKA
2019 - 2023
ホテル

2025年大阪・関西万博
2022- 2025
イベントステージ

海辺のホテル
2023
ホテル

DILLYDALLY
2023
レストラン・ショップ

長住の住宅
2023
個人住宅

Panasonicインスタレーション
2023
インスタレーション

U35 2022 展示
2022
展示

構造とふるまい

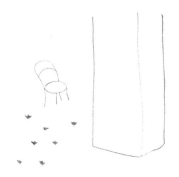

　敷地は沖縄県の海沿い、起伏のある地形の途中にあり、豊かな海を見下ろすことができます。その雄大な自然環境を求めて移住を決めた家族は、収納が隠せること、猫や子供が安全に過ごせることなど、切実な生活像を描いていました。

　そこで、「環境と対峙できる構造」と「日々のふるまい」の関係を考えます。まず、大地に頑丈な柱を建ち上げます。そこにかかる大きな屋根は、光や風を取り込みつつ、強い日差しを遮ります。構造体が環境と対峙できる大きさで建つことで、環境を取り込むことも環境から人間を守ることもできるようになります。

　その構造体をたよりに家族の居場所を考えます。書斎から海が見たい、庭とつながるリビングで過ごしたい、など理想の過ごし方に合わせて計画することで、生活の要と構造の要の交点がいくつか生まれます。構造体は、生活するための物が取り付いたり、ときに削れたりしながら、少しずつ形を変えていきます。生活者は構造をきっかけに、中心に集まったり、行為を区切ったり、都合良く解釈していきます。

　構造と生活が互いに歩み寄った結果、構造が日々のふるまいに参加し、ふるまいが構造に参加するような暮らしが始まります。

からだを使って考える

　この住宅の主題のひとつである柱を実寸大で確かめたい。大きな気積の空間で展示できる機会があることを知った私たちははじめにそう考えました。

　図面や模型では、実際よりも小さな縮尺で検討するため、俯瞰的な思考で合理的な数字に決めることが多いです。しかし、事務所の床に実寸で大きさを描くだけで、600㎜の柱か750㎜の柱か話し合わずとも決定できる瞬間があります。それぞれの想像力で補っていたものが目の前に実寸大で現れることで、自分のからだに対してどんな大きさであれば心地いいか、自然とからだが実感して判断できるからです。

　実寸大の検討と言っても、具体的な素材の情報は再現せず、白い模型のように想像の余白を残します。実寸の柱と周りの関係を展示することで、私たち自身のからだを使った、実践的なスタディを試みます。

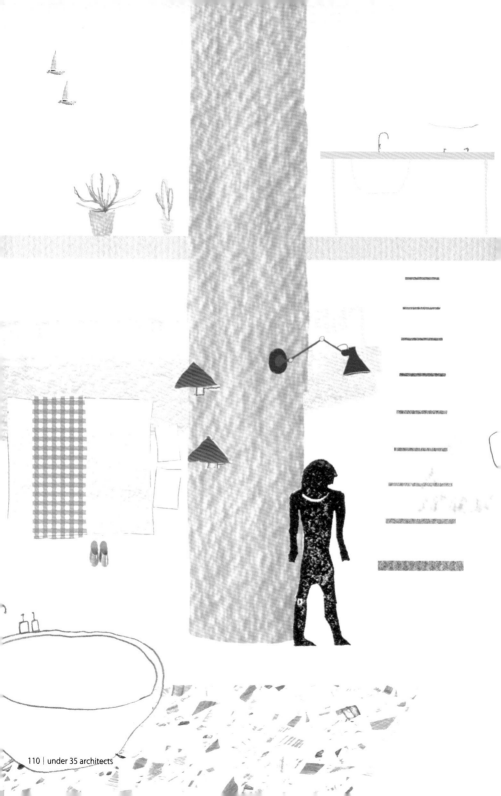

生活と創作が渾然一体となった原初の住処

鎌倉二階堂に建つ、陶芸家の父とアーティストの母が住む家に、建築家・デザイナーである私たち夫婦が移り住み、生活と創作が分け隔てなく共存する"原初の住処"をつくる自邸の増改築計画である。

既存の母屋は新耐震基準以前の昭和42年に建てられているため、これからもこの家に長く住み続けるために、母屋をスケルトン化して構造的な弱点を明らかにし、必要に応じて補強を行う。
そして、その柱や梁、屋根裏が露になった広い空間を、古代の集落の広場のような家族全員の共有の作業場として家の中心に据える。

母家の周囲には土の塊のようなそれぞれの居場所を増築し、それによって母家を支えるのだが、そこではプロダクトデザインを行う際にもとるアプローチと同じように、自分たちで土や釉薬を使った素材の実験を行い、陶芸の技法を参照しつつ新しい景色を生み出すことで、建築とプロダクトの境界を超えたものの存在を探求する。

タイトルの「ハニヤス」とは日本神話に登場する土や陶芸の神の名前である。ハニは土器や陶器のもとになる粘土を示す古語であり、陶芸の神としても知られる。

この家は陶芸と土、大地を祀り、自らの手で作り上げる創作の場「ハニヤスの家」である。

庭から掘り出した土や、焼成してから砕いた土、素焼きした陶芸用の土などに釉薬を懸け、バーナーの火で直接炙る実験

内部は共有の作業スペースであると同時に制作した陶芸や作品、
プロダクトのギャラリーでもある

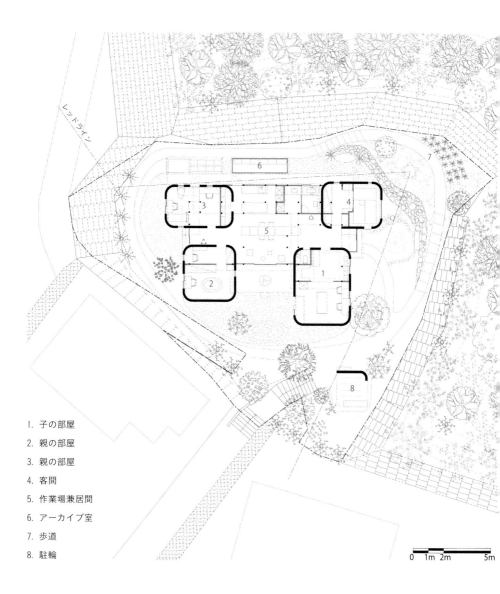

1. 子の部屋

2. 親の部屋

3. 親の部屋

4. 客間

5. 作業場兼居間

6. アーカイブ室

7. 歩道

8. 駐輪

0　1m 2m　　　5m

敷地は谷間の斜面地に位置するため、一部に山からの土砂が堆積してできた小山や、急な崖がある。

そこで敷地の外周に参拝路のよう歩道を巡らせることで境界を整えつつ、その間に書庫やアーカイブ室、

畑などを配置することで、家の内部だけでなく土地全体として生活と創作活動が交わる

これまでに様々な素材や製法を用いてデザインしたプロダクト

インタビュア：倉方俊輔　×永山祐子×藤本壮介

出展若手建築家：大島碧＋小松大祐　大野宏　小田切駿＋瀬尾憲司＋渡辺瑞帆
　　　　　　Aleksandra Kovaleva＋佐藤敬　佐々木慧　福留愛　桝永絵理子

倉方俊輔

倉方：それでは今年度の座談会を始めます。この座談会では特に共通テーマはありませんが、せっかく全員に集まっていただいていますから、今日の時点で話しておきたいこと、またこの機会に永山さんや藤本さんに対して聞いておきたいことなどを自由に発言していただけたらと思います。まず初めに永山さんから、今年の出展者の皆さんに対して望むことなどをお話ください。

永山：そうですね、皆さんの展示のプラン見させて頂いて、それぞれ面白いなと思いました。私もそうなのですけれど、展覧会をやって気づくこともすごく多くて、自分のプロジェクトをどう見せようかと考えていく内に、1つのプロジェクトのような感じになってくるのです。建築の何処を見せたいのかということを考えたとき、作り手としてただ作っていた時とは違う俯瞰する目線で、この場を1つのスタディの場所としてやっていくといいと思います。勿論展示を目的にするのだけれど、展示を通して、実作につながるプロセス、ものづくりの一環として、上手く人を巻き込みながら展覧会を利用することでプロジェクトを発展させることもできると思うので、そのような視点で考えると展示の発想も変わってくると思います。

倉方：藤本さんも何度も展覧会をされています。永山さんがコンペや実作ともまた違う1つのコミュニケーションの場所だということをおっしゃっていますが、藤本さんは展覧会というものをどのように捉えて、どういうことを意識するのかお聞かせください。また何か発見があったりするのでしょうか？

藤本：展覧会というのは難しいですよね。我々は建築を作っているわけではないですか。色んな敷

地があり、条件があり、あるいは条件がない架空のプロジェクトであったとしてもそこに立ってどんな風に使われるのかということを考えて作っています。しかし展覧会は、実物を持ってはこられない。建築は凄く様々な条件や段階を経て、最後にふわりと 1 個に纏まるもの。これが不思議な、クリエイティブなところです。でも完成形を見せてしまうと、そのふわりとまとまったものが伝わらない。建物は直接的に視覚に入るので、結局我々がやっている、一番頑張って取り組んでいるところは中々見えづらいですよね。でもプロセスを見えやすいようにすると、逆に嘘くさくなってしまいますよね。それが毎回難しいなという気がしています。それから毎年見ていてこれは難しいなと思うのは、ひとつのプロジェクトだけを見せるのはわかりやすいと言えばわかりやすいけれど、例えば複数のプロジェクトをやっていたら、そこに通底する何かがあるのだよという風に見せたい気持ちは凄く分かりますし、見せることができれば説得力が出てくる。全然違うプロジェクトだったけれども、何かが繋がっていたと。この人はこういうことを全体として考えているのかと。特に若い時はいろんなことを試みて、手探り状態での面白さもあるので、変に無理矢理まとめると逆に嘘くさくなるんですよね。まとめたなというように見えるし、まとめるために作ったのかなとも思える。まさに 30 代前半、自分が何をやろうとしているのかが半分は分かりつつあるけれど、まだわかりきっていないという時の面白さがあると思いますので、だからこそ少し変なことでも試みて、その人らしい何かを開拓すればいい。あまり整理され過ぎなくてもいいのではないかなと思います。もちろんクリアにこれだ！というものを持っている人はそれで良いのですが、無理にいくつも置いて、あなたは結局何がやりたいの？と問われがちです。半分わかっていて、半分わからない時が一番面白いという気がします。そのあたりが毎回見ていて面白いですが、見せるのは難しいことです。更にそれを展覧会の形式で見せるからより難しい。しかし逆に言うと、クリエイティビティによっていろんな方法が提案できますから、楽しみです。

倉方：ギャラリー間で 2015 年に開催された「藤本壮介展 未来の未来」を私も拝見しまして、やはり面白いなと思いました。永山さんも同じだと思うのですが、さっき仰っていたように、やっぱり実際の建築を建てるプロセスで大事なことというのは、展覧会ではなかなか見せられないですし、見せようとしてもわかりづらいという所がありますよね。そこで建築そのものとは違うけれど並行した思考回路やプロセスみたいなものを見せるということが、ギャラリー間の展覧会では別のコミュニケーション手段となっていたのです。できた建築が、訪れた人に新しい発見をさせたり、考えさせたりするのと平行した別のコミュニケーションとしての展示。つまり、自分はこうだと表現することは、コミュニケーションというより演説のような一方的な宣言だけれど、ある意味一方的な宣言みたいな建築と、コミュニケーションみたいな建築があるとするなら、展覧会にも一方的なモ

ノグラフとしての展覧会と、コミュニケーションとしての展覧会があり得る。ある種の正解を決めている訳ではないけれど、明らかに別のモードで何かを考えさせるようなコミュニケーションとしての建築の作り方、コミュニケーションとしての 1 つの見え方、正解があるわけではなく、投げかけ方の展覧会というのがすごくパラレルになっていて、それが藤本さんらしいなとギャラリー間の展覧会を見て思いました。ですので、今回参加される皆さんに、この場を活かして欲しいということを仰っているのだと思います。

藤本：正直、結局どうしていいかわからなかったというのが、大前提にあります。ただいろいろやっています、だと訳がわからなくなるから、とりあえずフォーマットを決め、後はなにか上手く読み取ってくれるのではないか、汲んでくれるのではないかというのを半ば、勘がいい来場者に預けたのです。ですから、自分で確信を持ってやれていた訳ではないのです。それが良かった部分もあるかもしれないけれど、終わってから相変わらず展覧会は難しいなという思いがずっと残り、特にこの U-35 は 7 組が展示している訳ですから、状況が完全にはコントロールできない。皆がだんだんエスカレートしてくる中でどういう見せ方をするのか。やはり皆さんの個性みたいなものが出ますから、それが面白いんです。ですが個性を出し過ぎ、狙いすぎだと、狙ったのかな？という感じになってくる。

永山：確かに。

藤本：溢れる何かを見たいですね。

倉方：やはり今は、独演といいますか、ある個性の表出のような建築の時代ではない中で、自分でどう表現していくかを意識するということでしょうか。コントロールできない部分もあり、理解されない部分もある。それでも何かを決めなければいけないわけですが、それは社会を変えるために建築をつくっているということと結構接近していると思います。出展者もそういう意識を持っている気がします。

大島碧

藤本：去年、佐々木君と KASA のお二人も含めてみんなマニフェスト的なことを掲げていましたが、それは断言で掲げているというより、とりあえず言ってみて、これからもそれを考えてみたいし、みんなと一緒に考えたいと。そう言う「とりあえずこうだ」と投げかけることで、議論が開かれるということはある気がします。だからといって今年は何か掲げなければいけないということではありません。もちろん展示することで伝えるということと、議論を開くという意識は必要かもしれません。

倉方：では、去年一番議論の的にされながら金賞を受賞された佐々木さん。まずは掲げてみるということが最終的に評価されたのではないかと思いますが、いかがでしたか？

小松大祐

佐々木：そうですね。去年はまさに今お話があったように、とにかく普通は見せたくないものでも全部一回見せて、議論に乗せてみたというところですね。それで確かにボコボコにされましたけれど、出展者の人たちとも結構深いところまで密に話せましたし、シンポジウムで建築家の皆さんとお話できて凄く実りがありました。１つ思ったのは、他の展示の人たちの作品や考えを当日に知ったということが少しもったいなかった。一応ポートフォリオの見せ合いぐらいはメッセンジャーでやっていましたが、もう少し「ここにすごく可能性を感じた」という考えを先に聞いていることで、同世代でグループ展をやる意義を議論し合っても良かったように思いました。展示までの間のどこかでプレゼンテーションをし合ってみるなど、皆さん忙しいとは思いますが、一回でも機会を持つことができれば良かったです。変更点が出るにせよ、考え方など、影響を受けてブラッシュアップ

大野宏

されていくということがあると、わざわざ集まる意義が、すごく深まるのではないかなと。思い付きですが（笑）。

倉方：面白いですね。今年は初めて二組が同時に二度目の出展をされるので、貴重な意見がいただけると思います。

佐藤：去年面白かった事としては、まず永山さんから言葉は乗り物だというお話をいただいたこと。倉方さんからは全体的に展覧会的だったというお話もいただきました。その後、藤本さんが GA に寄せられたエッセイで、U-35 について触れられ、客観的に藤本さんの解釈で我々の投げた言葉に対する可能性を書かれたり、批評の場となっていました。それがすごくよかったなと思うことの一つです。今年は 7 組の建築家間でも相互批評し合い、議論できるときっと面白いだろうなと思いました。

瀬尾：出展者 7 組が話し合ってお互いに何かを得て、効果を生み、集まったことによる意味が生まれてくることは、将来的に振り返った時に面白い意味を発見できそうな気がして、お二人の意見はいいなと思いました。

小田切：7 つの敷地に別々のものが建つという感じではなく、お互いにその周辺環境を読み、影響を与えながら展示するということがもしできるなら、確かに面白いと思います。確かに少し話し合うフェーズが欲しいなと思いました。

渡辺：先ほどエスキースを見ていて、あ、お隣がこうなるのであればうちはこうできるねと、そういう考えが浮かびました。特にお隣同士は影響し合うと思うのですが、全体にどういう印象でこういうストーリーでという風に、展示は見られるということを意識しながら、いろいろなメディアで話しながら作りたいなと思いました。

倉方：あまり今までは出てこなかった意見ですね。

藤本：そうですね。確かに当日まで隣の状況がわからないまま進める理由はないですよね。事前に

展示の状況を知っている上で当日にはすぐ密に議論できると、より充実していきそうな気がします。今までは競い合うような、お互いに少し隠し気味の雰囲気だったのかもしれませんが、そういう時代ではないような気もします。最終的には賞があるわけだけれど、ここで 7 組がむしろもっと事前にディスカッションをしていくと、確実に面白くなる気がしますね。

倉方：訪れる側からすると一連の体験ですからね。

永山：今、まさに万博もそのような感じなのです。全ての案が開示されてはいないので、それではつまらないのでは？と私は感じ、隣の設計者が知り合いの場合は、「見せてよー！」と言いました。お互い見せ合って、そっちがこういう向きだったらこっちは向きをこうしようかなとか、情報があると判断が変わることがあります。やはり建築家同士だからこそ、いろいろと話し合うことで、細かいところが見えてくるのです。特に万博のように、一気に一斉に建ち上がるものはコンテクストが見えない。本当に最近そういう風潮が出てきていて、今言われたようにした方が、見に来た人には伝わりやすいと思うのですよね。一連のストーリーとして作るという、俯瞰の意識もすごく大事だと思っていますし、来場者もこの年のこの展覧会はこうだったなという 1 つのイメージを感じることができます。繋

小田切駿

瀬尾憲司

いでいくことを少し意識していくといいのかなと思います。積み上げていくことはすごく大事です。

藤本：建築も本来、継承して積み上げ、それが昔から脈々とどこかで繋がれてきているはずですが、個がそれぞれの技を競い合うみたいなことになっていた。他の人と俺は少し違うみたいな、そこを競い合うようなフェーズが多分二十世紀にあったような気がするのですよね。

永山：そうですね。ただ、その振幅だけになってしまうと面白くない。すごく良いことなら真似すればいいし、その真似の仕方にもその人らしさを含ませることは可能だと思います。

藤本：時間的な継承が当然ある中で、横方向にも考えられたら、自分が今考えていることはこういうふうにも言えるかもしれないというように、価値がどう開かれていくかというクリエーションに落としていくと良い気がします。

永山：そうでないと今、いろいろな現代が抱えている問題や切実さに一人では太刀打ちできなくて失望する感じがありますからね。

倉方：確かに、同じ時間の中で競い合うこと、あるいは前の時間とは違うのだという時間の差別化を図ること。そういうものが二十世紀を席巻していましたが、今はそうではない。体験する側としては、様々なものがあって刺激的だった時代も確かにあったのかもしれませんが、その意味では今それが社会全体として限界がきている。もう少しデザインには積み重ねがあるはずで、それこそ競争やサムシングニューではない場面では、むしろ建築がもともと持っている、コミュニケーションをとって協奏することや積み重ねが大事だということを、そもそも建築ってそうだよねという発言を堂々とできるということは、元々建築が持っていた歴史的な建築性というのが取り戻されていっているとも言えますし、それがある種万博に返ってきたのだと思います。

藤本：結構難しいところですが、だからこそ、個々の建築家のユニークネスみたいなものがより求められるところがある気がします。単独でただバラバラに何かが存在するのではなく、ほかのユニークネスと共存したり関係したりすることで、より光輝くこともあるでしょう。別に皆で一個のコンセプトにしようとかそういう話ではなく、むしろ個々はより際立ってほしいと思っています。けれども、それが関係しあったり議論をすることによって違いが引き立つかもしれないですし、違いの中にある実は根底でつながっているところが現れてきたりするならば、きっと面白くなると思います。そこはみなさんの個性、ユニークネスをぜひ見せていただけたらなと思います。

渡辺瑞帆

小松：藤本先生のギャラリーを拝見した時、ただスポンジに人が置いてあったり、サランラップの下に人がいるなど、どういう体験ができるのだろうということを考えられるきっかけになっているなと、自分なりの発見がすごくありました。U-35 という展覧会では 35 歳以下というのが特徴ですから、来場者は 1990 年前後に生まれた年代の人たちがどういうことを考えているのかを見に来て、見つけて帰りたいのではないかという気がします。先ほど藤本さんがおっしゃっていたように、みんなでただ統一してしまうとつまらないような気がしますので全体感として、この世代はこういうことを考えているのかというところが出せると、面白いのかなと思います。すり合わせしすぎず、議論をして煮詰めた先のものを展覧会に出せるとすごく面白くなると思います。

大島：展覧会では実際の我々の建築作品を見てもらうことはできないので、前提としての自分たちの視点を共有するということが大切だと思っています。同じものでも同じ敷地でも、見る視点によっては違った側面が見えてくると思いますので、まずは我々がこの敷地でこういう条件でここを眺めた時に、どういう思いが浮かんだのか、それに対してどういう言葉を与えたのかということを一緒に議論して話し合える機会を楽しみたいと思っています。一番若い福留さんが 27 歳ですが、既にギャップみたいなものがあるのですが、これにはこういう言葉をつけるのか、こういう価値観があるのかというように、お互いにコミュニケーションを取る機会を得られたことをすごく嬉しいなと思っています。

小松：同じものを見ても我々が作る言葉、上世代の先生方が作る言葉は全然違うと思いますので、自分たちの言葉を出し切って、上の先生たちはこういうことを考えているのか、こういう言葉を使うのかという、答え合わせではないですが、その違いを楽しめたら嬉しいですね。

大野：万博のトイレのプロジェクトを見ても、部類分けすると、こことここが似ているみたいなことはあり得る気がしています。U-35 は 7 組しかいないですが、ここで系統分けした結果、その先の 3 代目 5 代目に、その系統が若手の中から出てくると面白いと思います。

藤本：面白いですね。分類分けされたいとか、されたくない気もするではないですか。自分がここに属さないぞというわけではないけれど、安易にそこに入れてほしくないなとか。でもあなたはこの系統ですねと言われることが面白いともいえるし、仮に入ってみるというのが大事になる場面もあるかもしれません。

大野：永山さんがおっしゃったように、建築家として、一つのことをやり続けているのではやはり社会は変えられないですし、集まって進めていける可能性が見えたらと思うので、近しい人を見つけたいですね。

藤本：万博でも未熟な建築があって（笑）来週もあるのですが報告をたまに受けるのですよ。みんながそもそもヤバい案ばっかりなのだけれど（笑）。

永山：知ってます。沈みそうなものとかね（笑）。

藤本：ヤバいなりに実現に近づいてきたなと思っています。別にエスキスはしないのだけれど、そこは頑張らなければいけないよねという頑張りどころを見せてもらいたいのですが、実現しなければいけないというプレッシャーが大きくて、少し引いてしまったりするわけです。そこは引いていいところではないんじゃないか、みたいなね。

全員：はははははは。

藤本：僕は 2-3 か月に一度見るだけですが、実は大西さんの事務所に集まったりして、何かいろいろやっているそうなんですよ。そこに僕は参加していないので勝手な想像ですが、20 組いる人たち

が何をやっているのか、単純化は当然できないですし、し
なくてもいいのだけれど、何かがあぶり出てこないかなと。
おそらくごちゃごちゃ話しているのでしょう。それがすご
く面白そうなんです。別に彼らは我々の世代をこうだと決
めつけて単純化したいわけではないのだけれど、何か見え
てくることで自分がやっていることにも新しい世界が生ま
れますし、何か発見があるかもしれない。そこで建築関係
の人だけでなく一般の人が見た時に、手がかりとしての力
強い何かが見えてきたりすると面白いですよね。ですので、
長い目で見れば世代という括りでもなく、ここに集まった
この 7 組がたまたま共有した何か、あるいはそこに面白い
時代みたいなものが都度現れることや去年との違いについ
ていろいろ議論できれば、自ずと継承していくことになる
と思います。半ば偶然集まったわけですが、今後も毎年見
ますよね。

Aleksandra Kovaleva

福留：私はこの U-35 という展覧会のために提出する締め切
りのタイミングで、提出する書類が生まれる度に自分の設
計の進捗がかなり上がるという経験をしていて、それが今
の自分にとってすごく良いことなのです。今日の展示のエ
スキスもそうですが、ここで自分が何を展示するかという
ことは、その設計の本質が何なのかということを考える機

佐藤敬

会になっています。例えばこれは真っ白でいいのか、素材を表現するべきなのかというところとか、
すごく細かいところを考えていくと、今自分が向かっている設計の中で一番大切にしていることが
見えてくることがあって、ここに参加できてよかったなと既に思っているところです。今日他の方
の展示のプランを見たり話していることを聞いたりして、全然違うことを考えているということを
感じるのと同時に、自分は何を一番に考えているのかということを改めて問い直す機会になってい
て、佐々木さんがおっしゃっていたように展覧会までに一回でも共有する機会があれば、それぞれ
自分が何を一番考えているのかという本質を考え直す機会になりそうだなと思い、いいなと思って
聞いていました。

佐々木慧

桝永：私も同じで、当初提出したときの設計案から全く違ってきています。その時は分棟で描いていたけれど、本当に自分がやりたいことはこれでいいのかと今回の展示が決まってから考えるようになり、どんどん設計が変わったりする瞬間がありました。私は特に共有するとかということに抵抗がありません。少し上の世代の人は閉じてやっている方が多いのですけれど…（笑）。

全員：はははははは。

桝永：共有していろいろ言ってもらうことで、今の設計に対してもまた変わってくる部分が発生し、展示が全体として良くなっていく。そういうことができるのを楽しみに思っています。

藤本：違いは大きいよね。我々の世代は閉じているからね（笑）。

桝永：戦うべきであるみたいなところがあるなと、強く感じています。

藤本：今、宮田裕章さんと万博で出会って別のプロジェクトを一緒にやっているのですが、宮田さんはコクリエーションというのをすごく押しているのです。今40歳前半だったかな、皆さんの世代と近い意識なのだろうなと思うのですが、クリエーションに対して、自分がこう言ったからとかではなく、それ面白いからこういう風にやったらいいですかね？みたいに気持ちがいいくらいオープンなのです。それっていいなと思うんです。これからの時代は閉じて占有して切断し、隔絶されることによって価値が生まれるという価値のつけ方ではなく、つながって共有していくことによる価値の生まれ方になるだろうという、理論的な歴史的理解と実践が連動していくのでしょう。僕は意識としてどこまで開けられるかはわからないので、試行錯誤しているのですが、そういう時代に差しかかっている現代に皆さんがそれをネイティブに近い状態で、もっと若い人とこれからのクリエーションを作り上げていくのかにすごく興味があります。宮田さんはすごくキャラが濃いですよね。しかし、違うキャラがたっている人とのコラボレーションをする時に、決して合わせにいくようなタイプのネガティブな競争ではなく、キャラの濃い人同士がキャラの濃いままコンビネーションできるということを実践しようとしているのです。そこが面白い。個があるからこそほかの個と響き

合えるわけで、個がなくなってみんなで同じことをしたら、当然面白くない。そこが大きく展開している感じがしますよね。まさに35歳以下、前後のみなさんはそれを最初に体現していくジェネレーションの一つなのではないかなという気がします。

佐藤：ルイス・カーンのソーク生物学研究所の広場はルイス・バラガンとの言葉やスケッチによる対話からそのまま実現しているらしくて、双方のそのやりとりがすごく開放的で創造的だなと思うのです。一つの建築を主体として考えてしまうと、そこに他者の意見を招きいれることは難しいように感じるけれど、都市という公的なものの一部を作っていると捉えると、皆で議論することはすごく大事なことかなと思います。そこで協働していく時にどういうことに気をつけたらいいのか、先輩方から何かあればお聞きしたいです。

永山：私はいきなりコラボレーションさせられるとか、開発の一部にいきなり投げ込まれ、ほとんどプランは決まっているのだけれど、私は何役ですか？みたいな感じで入っていくことがあります。ですがその時に、人が作ったものを再解釈し、自分の解釈をのせていくことの面白さを感じました。自分の大学の課題でも、ある日いきなり隣の人と案を交換して人の案を発展させるような課題を出

してみたいと思っているくらいです。都市の開発やリノベーションもそうですが、誰かが作ったものに対して、ここが良い、悪い、ではなく、私はこういうふうに変えてあげようかなと考えるのです。だから私は指圧師の気持ちで、どのツボを押せばこの人の体は良くなるのかなという気持ちで、設計、プロジェクトに入ります。ですが、出題の内容が悪いことも多い。

藤本：大体の場合そうですけれどね。

永山：このお願いの仕方？みたいなことがあります。まずは出題を変える。皆さんのプロジェクトを見ると始まりから関わる人もいますし、リノベのようにどこか途中から関わっている人もいますよね。私は特に不自然さをなおしたいと思うのです。ここが無理しているのではないかとか、これがあることは誰も喜ばないのではないかということ。それは建築の前の段階もそうですし、むしろ建築の後ろの段階、使い方なども含めてです。例えば商業だったら家賃はどうやって決めるのか。家賃が高いと面白いお店が入らず、結果的に魅力的な場所にならないからどうにか安くならないのかとかも含めて、全体を通していい状況をつくるためには、よりクリエイティブな思考をどこかで入れてこっちの方が良いよねという役目の人が必要です。そういう意味で建築家は全部に関われる

資質があるのかなと最近すごく思います。特に始まりの出題のところが大事です。良い答えを導き出せるように一緒に問題を作っていく気持ちです。答えを出すのは他の建築家の方でも良いのです。この出題では誰も良い答えを面白く出せないと思うので、まずは出題を変えよう。そうすれば建築も変わります。その後。使い方のところで加わることによって更に良くなるという具合にですね。

福留愛

小田切：改修では施主や途中で加わった方のアイデアが加わり、最終的に後でまとめてみると自分が何をしたのかわからなくなっていくことがあります。ただそれもアーカイブとして楽しむこともできますし、集団で作ることの良さをもっと開拓できるようにしていきたいと思います。こういう集まりもすごく大事だと思いますし。

渡辺：皆さんがつくっている現場にもぜひ行きたいなと思っています。是非皆さん事務所に遊びに来てください。布団10枚位は敷けるので。

永山：合宿すればいいのでは？一晩くらいで（笑）。

佐藤：U-35 合宿（笑）。

倉方：U-35 にも会期がありますが、会期が終了したからといってそれで終わるわけではありません。今日のように、展覧会が始まる前からプロジェクトが始まっていますし、展覧会が終わった後も関係性が続いていくと思います。その中で会期があるというのが 1 つの目標になって、それがモチベーションになりますよね。U-35 展覧会が連続的なプロジェクトになってきているということを、皆さんが何となく実感として持ってくださると嬉しいですね。

小松：我々は安藤さんや藤本さんというヒーローを見て、自分もヒーローになるぞという勉強をしてきたのですが、今日ここでいざ展覧会をやろうという時に、ヒーローではなくコラボレーションチームなのだと言われちゃって、そうなのだなと（笑）。みんなで一緒にやれるのがヒーローだという…。

桝永絵理子

藤本：アベンジャーズではないですが、ヒーローはいっぱいいて良いわけです。一緒のチームになったからといって存在が薄まるということではない。ただヒーローが他の人を寄せ付けずに立っているだけというのはつまらないのではないの？という感じになってきているだけで、もうヒーローにはなっているのです。

永山：いろんなタイプのヒーローがいますよね。隠れヒーローが出てきて、まさかあいつが？みたいな。

全体：はははははは。

藤本：皆さん充分キャラが立っていますよね。去年もかなりヤバかったですよね。そこからトップで抜けてきている人達が来てるのに、皆さん全然負けていないですから。

倉方：3人組や2人組の戦隊モノもいますし（笑）。

藤本：油断しているとここでやられちゃったりするのかもしれません（笑）。でもそれぞれが同じことをやっていなくていいのです。相互に影響を与えあって高めあっていくことができればいいんですよね。

倉方：対決ではない繋がり方があったらいいなというのは確かですよね。私が今まで見てきた建築家同士でも、常にアイデアコンペなどで対決しているように見えますが、建築家同士で共同するプロジェクトが今後出てくればいいですよね。その意味では相変わらずある種の有名性、匿名性ではない顕名性というのか、それを必要とされているし、それがある方がより多様なもの、第三のものが生まれていくというのは確かです。溶け込んで集団になっていくという話ではますますなくなっているという感じが面白い。

コヴァレヴァ：こういう対話がとても面白いので、会期中に7組皆で集まってギャラリートークできたらいいですね。または展覧会前に議論した内容を何かにまとめて発表するとか。

藤本：ギャラリートークはひとりひとりやっているのですよね。二組ずつ組み合わせをかえながらやるのは？

佐藤：面白そうですね。

藤本：それぞれの話はちゃんとした後に、少しそれぞれのこと言ったりディスカッションをしたり、毎回二組程度でやると結構面白そうですね。ただ、皆で何かモノを作るというのは少しリスキーかもしれない。コラボレーションも別にいいのだけれど、合う合わないというのがありますからね。

永山：そうそう。立場が違っていた方がいいですよね。

藤本：言葉のやり取りも、ものをつくるとなるとなかなか大変。今、平田晃久と一緒に規模が大きいものをやっているんです。平田とは25年以上の付き合いがあるからやれていると思います。彼が言っていることも大体わかるし、僕が言うことも彼はわかる。それにお互いのリスペクトがあるからできているし、引き際もなんとなくわかる。しばらく見ていると、何かよくわからなくなってい

永山祐子

る時もあるのですけれど、やはりこれをやることで刺激を受けるということがあるから面白いなと思ってやっていますが、無理にはやらないほうがいいと思います。

倉方：完成させるのが目的になってしまうと、割と本末転倒みたいなところが出てくるんですよね。どうしたって建築は最後、竣工させなくてはいけないですから、よほどでないとそもそもなぜコラボレーションをしていたのかな？ということにもなりかねないのでしょう。永山さんが言われたように、ある種ここに集まっているのも偶然ですし、立場が違うほうがいいというのも納得します。私は『吉阪隆正とル・コルビュジエ』という本を書いたくらい、建築家の吉阪隆正さんが好きなんですが、吉阪隆正さんの言葉に discontinuous unity というのがあります。日本語では「不連続統一体」と表現されます。しかし、吉阪隆正さんの弟子の一人である重村力さんに伺うと、unity というのは本来、統一という意味ではない、1 つの場にいるような感じであると。その上でdiscontinuous、不連続であるので、1、2、3 と数で数えられない、それぞれが 1 であると同時に 1つの場にいるという状態を建築で作りたいということなのですが、まさにその通りだなと思うのです。まちづくりだと、立場が違っている人がたくさんいる中でものを作る場ですから、建築はどうしても最後、1 つのものにしなければいけないという時に、なかなか discontinuous unity を実現させるというのは難しい。その時に大事なのは、ある種の誤解のコミュニケーションを含んでいること。要するに、最初から何か合意しようとするとどんどん多様性が失われ、逆に立場が違い、偶然質問を投げかけて答えるという方が、実はすごく稀に発展的なものが生まれることがあるというのが discontinuous unity の大事な要素だから、その意味では合意とか理解とはちょっと違うのです。全然立場が違う、実はお互いを誤解しているということのコミュニケーションが生む生産性みたい

藤本壮介

なところを組み入れているかどうかがコラボレーションや共創の時の大事なポイントだと、永山さんが言っているのかなと思いながら聞いていました。

永山：ディスカッションの場所は一過性なので、例えば交換日記のような、文章を投げかけて答えるとか、答えが書いてあってもいいような気もします。その場所に居ないといけないというよりは少し残る。ですが、展覧会を通していくつかの効果が出てきたらいいなというのは、そういう中からも出てくるかもしれないから…交換日記ね（笑）。

全員：はははは。

永山：クエスチョンを出して答える、ということをそれぞれでやったら面白そうです。

佐藤：対面で直接やり合わないってのもいいですね。少し置くと、そこで何か誤読が起きるかも知れない。ニーチェの「事実というものは存在しない。存在するのは解釈だけである。」ということに近いと思うのですが、何か1つ、誰かが投げた球に対して誰かが解釈して、また他に球を投げてというのが引き継がれていくように、この7組の中でぐるぐると回っていくと面白そうだなと思います。

倉方：展覧会自体がそういうものですし、藤本さんの展覧会が面白いというのも、誤読をする部分も含めて準備をしているからでしょう。本人がそこに居て語るわけではないですから、作った時からのタイムラグが存在します。立場が全然違うからこそ、その時のコミュニケーションのあり方と

いうのは、確かに交換日記的なものと同じといえば同じですよね。今日は、1つのところを回りながらだんだん豊富な実りをつけているという感じで、結構収穫が多いなと思います。

佐々木：まとまってきた感じが。

藤本：まとまってはいけないのではないかなと（笑）。

全員：はははは。

藤本：それぞれの違いが面白いと思うのです。だって建築は建物および場所を作り、人の活動を作るわけです。それに対するアプローチはいろんな形があって、まさに現代は、建築はどんどん開いていくわけです。そこから出てくる可能性がたくさんあるというのをぜひ見たいと毎年楽しみにしているのです。特に若い世代が社会や世界をどう見て、どう人間の活動場所として人をつなげていこうとしているのか、可能性の広がりを見たいです。それはものとしても表れるだろうし、言葉をそこに投げかけ、その言葉がさらに広がっていく世界を是非見せてください。お願いします。

永山：そうですね。建築は長いプロジェクトだと何年も先を見る、未来をつくる仕事です。今、使っている言葉は形を作りながらプロジェクトを前に進めるための道具です。時にはそれを色々変えて行ってもいいと思っています。例えば人が使っている道具（言葉）が良ければそれに影響を受けて変えてもいいと思います。そっちの道具の方が上手く削れそうだなとか。こだわりを捨てるのは難しいものですが、そうやって柔軟に変化しながら最終的にできるものに昇華されればいいと思います。私は早くに1人で独立し、こういう場にも参加してこなかったので1人で自問自答しながら来ました。特に同時代の人の作品を見て、なるほどこう考えるのかと影響を受けることも多いです。皆さんが良い影響を受け合いながら未来をつくるための色々な手法や材料をここで得られたらいいなと思います。

倉方：秋の展覧会を本当に楽しみにしています。本日はありがとうございました。

2023年4月7日

本展・展覧会会場（大阪駅・中央北口前　うめきたシップホール）にて

不安に涙しても勝る意欲

　学部生の頃、いつも弄ばれているような感覚を覚えていた。人と比べられることで、劣等感と優越感を植え付けられてしまっていたのだ。悲観的だと言われてしまうかもしれないが、例えば学内の設計講評会の場で、自分の考える価値とは違う価値を表現した他人が誉められているのを見ると、自分の考えが否定されたような気持ちになった。提案した課題ではなく、自分自身の全てを否定されたように感じ、閉じこもるようになった。おそらく当時の私は、多くの人に認められたいとばかり考えていたのだろう。人から評価を受ける場面では、その場の状況や雰囲気、それまでの文脈という関係性に影響されることを知らず、ただその場で指摘された言葉と態度にだけ、影響を受けていた。

　しかし、本展をはじめとした AAF の活動を重ねることで、自分を客観視して建築に向き合い楽しんでいる方々から学ぶ機会を得た。そこで自然と、多角的かつ大きな視野の広がりを感じるようになっていった。「講評者が何に興味を示しているのか」「どの部分の文脈から感動しているのか」。これらを直接伺える事業に携わることは、編集された映画やテレビを見る側ではなく演者となっているようで、リアルで面白い。生々しく泥臭いその場を共有することは自分の未熟な次元を高め、開いてくれた。建築は当然ながら解答をもつ分野ではない。提案する設計者が表す場所性や環境の解釈も違うし、依頼者が意図した建築空間に対する機能や規模、構造解決も全く異なる。小さな一つの感情に左右され心を乱されていたことが馬鹿馬鹿しくなる程、実際の実務を行いつつ、この分野の頂点におられる建築家の先生方と併走させていただくことができる素晴らしい活動での経験を重ねることで、自分に自信が持てるようになっていった。それは決して、フラットな画面が示すスマホの中の世界の話ではない。また、カフェやレストラン、百貨店やショップ、テーマパークやエンターテイメント施設などで、当然のごとくお金を払ってサービスやホスピタリティを受ける側の立場では知る余地もない体験なのである。この AAF というノンプロフィットの活動には、社会が求めている価値を確かめられる取り組みが存在し、後進にもその取り組みの姿勢を見られているという意識が働いている。クラブ活動のように試合という場を与えられ競うような意識ではなく、自らの価値を見出し、社会全体で挑めた時の個性の位置付けを確かめるため、自分をこの中にスライドし表現する現実の場として、不安に涙しても勝る意欲が沸き立つのだ。物事に取り組む姿勢と持続可能なモチベーションを自ら沸き立てる才能のようなものを得るようになった。

　現代の大学も予め準備されたサービスの一環だと考えると、学内での評価だけにとどまらず、多元的に建築を知り、学んでいきたいと思うようになった。その理由は酷く自分への劣等感があったからだろう。特に私は第一印象が薄く、人の心に残らない人だと言われてきた。しかしもっとポジティブに思考し、身

近な数人の知人・友人より、大きな社会の誰かに気づいてほしい、誰かに頼られる存在になれないか、そう思うようになった時、自分が人に向き合うのではなく、自分自身が表現できる分野（建築）での取り組み（社会性）に憧れを持つようになった。人が人生で「何かを目指す」ことに出会うこと。これは自分の興味と経験を蓄えるうちに訪れる幾つかのチャンスによって達成できるのかもしれない。結果として自分自身を代弁してくれるような存在になるのだろう。そのために興味のある分野で、リアルで自主的な行動をできるだけ数多く経験していこうと、あらためて本展の取り組みを通じて確認した。

大島碧＋小松大祐

　建築を一つの完結した作品と捉えるのではなく、周りの環境との関係性に発見を求める大島と小松によって設立された風景研究所。出展作品は階段室がビルの外周をぐるりと回遊する「二重らせんのビル」。一見、階段室によって外部と内部に境界線を引いた閉じた空間のようにも思えるが、業務から少し離れるための憩いの場であり、緩やかに周りの環境との調和を図る空間である。つながることを目指し建築に新たな表情を与える 2 人の展示には、本展を訪れた人々に切り離すことのできない環境との関わり方を再発見する手がかりがあると感じる。

大野宏

　研究だけではなく、途上国で設計活動をしていた大野はその経験を活かし、自然素材や土地の特性に着目し、そこに住む人々の知恵や技術を借り、建築に命を吹き込む。出展作品「Poiesis -3 つの素材と技術 -」では、ヨシの特性をストランドボードを用い、機械技術と融合させることで押し出している。あたたかく包まれるような空間の裏には受け継がれてきた技術と先を見据える情熱が見え隠れする不思議な感覚に、訪れる者をどのように巻き込んでいくのか、注目したい。

小田切駿＋瀬尾憲司＋渡辺瑞帆

　映像は還元しうるのかという問いをテーマに、分野の異なる小田、瀬尾、渡辺によって設立された Garage。出展作品は「建築の再演」と題し、各々の分野から建築を媒体として世界の問題へと接点を生み出していく新しい活動手法を実現する。本来、映像という平面的な枠に映し出される物語を枠の外へと広げることで、見るものを巻き込みながら空間となり、建築としての可能性を見出してくれることに期待する。

Aleksandra Kovaleva＋佐藤敬

　"つくる"ではなく、"なおす"感覚を大事にする KASA の 2 人の本年出展作品は「ふるさとの家」。彼らの特徴は過去に対する尊重の意識ではないだろうか。今、あらゆるものが便利になったことで時間の余裕ができたように思われるが、空白の時間が存在し得る。KASA の活動は、過去に意識を向け、薄れていく記憶の中にまた新たに懐かしむ記憶を宿し、私たちに訴えを投げかける。今一度振り返り見つめ直す時間の意味を、私たちに問い直してほしい。

佐々木慧

　非建築的な建築とは何か、試行錯誤を繰り返し模索し続ける、昨年ゴールドメダルを受賞した佐々木の姿勢は、苦労ではなく楽しむこと、楽しみ方を学ぶこと。どれでもありながら、どれでもない存在という佐々木の言葉には、多様性が謳われる現代社会においても重要な捉え方であり、私たちに「非」という言葉によって、受け取り許容していく余地があることを示してくれるのではないかとワクワクしている。

福留愛

　内外に境界線をつくるのではなく、曖昧さを残しながらどっちつかずの状態を設けることで自分のテリトリーを広げていける伸び代を与え、日常と環境が地続きになる建築を目指す。製作時に機能や名前を決めるのではなく、生活風景や行動を想像することでその場に訪れる人のふるまいが、自然と機能をつくりながら場に色をつけていく。福留の作品は自由で抽象的な余白を残し、生活と共に変化していく姿にこそ、面白さがある。

桝永絵理子

　アートとテクノロジー、原初と未来をはじめ、様々な分野を横断した活動を行う桝永の設計は体験に基づく現実味が特徴的である。素材に対して構法や色など、自然から採取したものをどう取り入れるのか、その大地に自分を溶け込ませて考える。出展作である「ハニヤスの家」ではどのような素材の旅をしてきたのか、桝永には体験を共有できる場として本展を鮮やかに染めてほしい。

あとがき

　この場で、晴れて公募で選出された本展の出展者 7 組は、その期待を背負い、作品について思い思いに話す。時には言葉に詰まってしまわれる方もいるが、出展者たちの顔は晴々としている。聞くものを圧倒する言葉とその表情。社会批判でもなければどこかで聴いた話題でもないのに、自分の言葉でどうしてあれだけの自信を持って話せるのか。私はとても羨ましく思うのと同時にまた、無い物ねだりをしているような自分が悔しく、今日も改める目標に気づく機会を得る。社会で存在する贔屓というものは、この分野には全く存在しない。ただ学校という教育機関では、少なからずこれを体験した人もいるだろう。つまり教職員が目標ではなく、人に向かっているのだ。教わった通りのものを提案にすれば、提案した者を救い、新たなものを提案しようとすれば、異物扱いを受ける。疑問から問題意識が生まれ、現実に対する解決案が建築を提案する根源となる訴えなのであり、それこそが大切なオリジナリティを生み出すひとつの手法でないだろうか。教育機関ももっと本展のように、意図する系譜や文脈に耳を澄ませ、試みる行動に対してもっと自由を与えて欲しい。どの分野でも頂に登れば登る程、空気は澄みその景色も広がるというのはこのことだろう。

　だからである。私は、自ら学内だけの活動ではなく学校を飛び出し、AAF との出会いと活動を掴んだことで少しずつ、人と向き合うのではなく、同じ方向を目指す取り組みの継続によって、悲観的だった自分の変化に気づくことがある。この些細な悩みが存在していたことすら思い出すことがなくなるであろう成長の過程を、同じ機会を手にした学生たちに向け、記録を残す。

奥西真夢（東京理科大学大学院 修士 1 年）

自分の人生をデザインする。

　誰もが一度は考えたことがあるだろう。自分は何のために生きて、どのように人生をおくるのか。人生 100 年時代と言われる世代に生まれた私たちは、残り 80 年の基盤となる選択を迫られている。大学 4 年間を過ごした後、様々な方法はあるが多くの人は就職という道を選択する。親や周りの友人はそれをあたかも当然のごとく、数ある企業から自分が属する場所を選択する。しかし、その選択の中には、何のためにその場で働きたいのか、そこで人生を幸せに送るための理由は何なのかが曖昧なまま属することが目的化しているようなそんな流れに歯がゆさと疑問を覚えている。多くの人は生きるためのお金がいるから働くと答える。果たしてその中に満ちる幸せを見つけられるのか。生きるためにお金がいる。だから働く。それは当然のことではあるが、残り 80 年の人生を思うと虚しささえ感じる。人生の重要な岐路に立っている今、この先自分がどう生きていきたいのか、熟考したい。

　当初、建築家とは美術的デザインを施した建物を生み出す人たちだと思っていた。そんなある日、人生で初めて建築家のレクチャー、坂茂さんがゲストの 217 を聴講した。阪神淡路大震災の際、建物が倒壊し人々が苦しむ姿を見て、誰よりも早く現場に駆けつけ、不衛生で劣悪な環境で過ごす人のために、安価でサステナブルな新たな材としての「紙のログハウス」を建設したという。自身の作品を大勢の人がコピーして、みんなが使用してくれることこそが一番の成功だという坂さんの生き様に心打たれ、この時、建築家の存在とは、人のため、その人々の気持ちに寄り添い、未来が少しでも明るくなるように行動を起こす職業であることに気づかされた。美術的デザインだと思っていたものは単純なデザインとして生まれたものではなく、人との関わりから発生する問題解決や批評性を形態に結びつけたことで生まれたデザインであること。ある時は、外部から内部の繋がりの中で酸素量や採光量、湿度さえもデザインし、造形するのだと知った。様々な建築家の話に通ずる印象的な点は、常に自分のスタイルを模索し、新たな境地に想いを馳せ、未来に向けて他人と比較せず自分自身で行動する姿である。そんな姿に影響を受け、改めて私はどう生きていきたいかを考えたとき、誰かを幸せにしたり、笑顔にしたい、ワクワクさせたいという気持ちが一番にあると確信した。訪れた人や偶然立ち寄った人にもワクワクする気持ちを与えることができる、魅力ある建築や空間をもし自分で作り上げることができるのならば、そこで時間を過ごす人たちの感動や笑顔を生み出す要因となる。空間を共有することは感情を共有することでもあると考えれば、私の好奇心を世界中の人たちと共有できるのかもしれない。なんて幸せことだろうと、改めて建築家というものに強い憧れを抱くようになった。好きなことを追求し生きていく大人に憧れ、その人たちの大きな背中を見て全力を尽くすことが、今の私が将来に抱く、最上の幸福であると思う。そして、そう生きていきたい。

大島碧＋小松大祐

建築はひとつの完結した存在ではなく、周囲の環境に馴染み溶け込む風景であると語る。通常はコアと階段室をまとめて配置するが、階段室を外部と内部の境界として緩く繋げ、それ自体を構造体として機能させている「二重らせんのビル」。外と内の中間を捉える大島と小松が持つ独自の視点はどこに存在するのか、展示を通して探り、発見していきたい。

大野宏

建築を自己の目的として作り出すのではなく、その環境にすでに存在している要素を形態に結びつけるという概念を帯びている出展作《Poiesis -3 つの素材と技術 -》。設計者の意図が曖昧になり、環境の多角的な普遍性をもって生まれる建築とは一体どのようなものなのか。都市やまちに領域を広げ意図や機能が曖昧になった先に、その土地ならではの個性が浮かび上がる。大野が表現するこれからの時代を示す展示に想像力を掻き立て、学びたい。

小田切駿＋瀬尾憲司＋渡辺瑞帆

　小田切・瀬尾・渡辺は、それぞれが建築、映画、演劇に携わる三人によって結成させている。建築という固定されたものでなく、場を生み出し関係性をもつ空間づくりを行う。まったく異なるようで繋がりをみせる彼らの個性が互いに相互作用し、どのように昇華されるのか。本展では、いまだかつてない新しい領域の建築に出会えることに期待している。

Aleksandra Kovaleva＋佐藤敬

昨年《ヴェネチア・ビエンナーレ ロシア館の改修》では、「なおす」という視点から、洗練された微細な差のデザインを行うことで、既存の建築に新たな価値を見出す工程を示してくれた。建築を修繕することは、現実的な問題解決による更新だけではなく、その場に生活する人々の歴史や記憶を整理する。愛着を次世代に繋ぎ、手入れすることの豊かさを表現した。優しい人柄が感じられ、きめ細やかな視点を持つ KASA が今年の出展作《ふるさとの家》では、どんな目線を私たちに与えてくれるのか期待したい。

佐々木慧

都市・自然・風景・家具など建築を中心とした様々な要素の間を探り建築然としない「非建築」という概念を追求する佐々木。周辺の要素を取り込むための、彼ならではの建築の読み解き方を高解像度で示してほしい。建築が完結させたものでなく、多様な要素からまちをつなぎどのような形態で表現されるのか、昨年に引き続き題される《非建築をめざして》。本年度は非建築を追求した先のさらに熟考された展示が見られるだろう。

福留愛

建築は大地と地繋ぎの存在であることを実感し、日常と環境をつなぐ建築を模索している。かつて、機能にとらわれた空間単位を疑い、光量や風、影など環境から生活を想像することで生まれる新たな空間を探る。95 年生まれ、最も若手の福留が、生産効率を優先した循環を考えない 20 世紀の建築概念に限界を感じたエコネイティブな世代として、新しい視点でこれからの建築の可能性を提案し、私たち学生にも思考のきっかけを与えてくれるだろう。

桝永絵理子

　ハニヤスとは、日本の土や陶芸の神の名である。陶芸家の両親と建築家の娘夫婦のための二世帯住宅として建てられる出展作《ハニヤスの家》。古代から使用される最古の建築材である土を主題とし、現代技術で新たな表現方法を探求している。桝永は、他者を受け入れ共有し、ともに発展させる開けた設計を考えたいと語る。広くオープンな思考で表現するアートやテクノロジーと建築の織りなす関係性を本展で紐解きたい。

あとがき

U-35 で出展者や上世代の建築家の取り組みを通じて、自分の興味を探究すること、自分らしさを突き詰めていく未来に向けての可能性を求め続ける姿勢をみた。Under35 という、まだ完成に至る前の曖昧な状態に悩みつつ、自身と向き合い、自分の好きなことで生きていくと決意しているその姿に憧れを抱く。しかし、その生き方は、広い範囲から見ると一握りであることを知るのと同時に、その一握りの生き方をする人の周りにはその生き方が当たり前のように存在していることにも気がついた。U-35 で運営スタッフとして活動することは、私にとってその小さな世界の中を覗く経験をさせて頂いているような感覚で、好きなことに生きる彼らを見て、私もそう生きられるかもしれないと恐れ知らずの好奇心からそう錯覚している。学生時代にそうした感覚を学び、憧れる人物像に出会う経験は宝であると感じる。同時に本展では、学生である自身の未熟な視点・35 歳以下の若手建築家である出展者の視点・世界で活躍し日本を代表する建築家、建築史家の視点という、様々な角度から一つの作品への読み取りを一度に伺うことができる。一つの物事を、生い立ち・ルーツの異なる人々がどう解釈するのか、一方に偏らないこの感覚は経験したことがない新たなものであり、それらに接する機会を持てたことに喜びを覚えている。U-35 の場は果てしない目標を持つ若者を、自らの経験だけで否定する大人たちではなく、その者の個性を尊重して背中を押し、意欲を与えてくれる大人・先輩たちに出会う重要な機会である。口を出すけど責任をとらない大人なんて私たちには必要ない。失敗した責任の取り方を知る覚悟をもった大人に、口出しせずに見守られる貴重な場が、この建築家界には存在すると感じさせてくれる。失敗者は愚痴をこぼし、成功者は夢を語るという。ただ今は純粋に好みを追求した先に何が見えてくるのか、自身の可能性に期待を抱き、素直に信じたい。自分の人生を楽しくさせるための選択として、未来を考察し人生をデザインする。私はその未来において、人々を豊かにさせ、もっと自由な領域が広がる、文脈のある新たな価値を生み出したい。

杉田美咲（畿央大学 4 年）

　デベロッパーに入社して以降、複合ビル・商業施設・マンションの開発や運営他に携わってきました。今般寄稿文のお話を頂戴し、各開発計画・各運営物件で協業させて頂いた建築家（設計監理者）の方々から学ばせて頂いたことを改めて振り返る機会となりました。

・土地の形状や立地に由来する欠点・難点を解消し、更には魅力に変換して下さる方
・ユーザーの目線に立って、人の動き方や使い勝手を綿密に検討してプランニングして下さる方
・丁寧な対話で難解な設計上・施工上の問題をスルスルと解きほぐし、プロジェクトメンバー間の
　円滑な関係性を維持しながら、オンスケジュールで工程を進めて下さる方
・品質管理とコストマネジメントのバランス感が絶妙な方
・検討につぐ検討、複雑な計算や終わりのない検証・確認作業など膨大な業務を背中に背負いなが
　ら、それらを微塵も感じさせない穏やかな笑顔と口調を絶やさない方

　自分から見えていた建築家の方々のほんの一面の列挙ですが、まるで魔法使いのよう。ただただ感嘆と尊敬と感謝で、プロジェクトマネージャーたる自分は形無しの打ち合わせが数え切れない程ありました（というより、ほぼ毎回だったかもしれない）。
　そして、建築家の方々皆様に共通する（と感じた）のが、言わずもがなですが、美しいデザインや景観への拘り、です。
　あ、スイッチが入ったなという瞬間があります。建物構成や配置、外観デザインの打ち合わせで遭遇する率が高く、想いと熱意が爆発する方、ひたひたとエネルギーが滲み出てくる方様々ですけれども、目の輝きと目力が全く別物になるのは共通しています。本体設計と外観デザインが別々の案件で両者が揃う打ち合わせであったりすると、白熱度は急上昇。専門用語が飛び交い、議論の内容が自分には理解不能な世界に突入することもままありますが、自分も負けじとプロジェクト企画者として建物コンセプトのような抽象的なワードだけを頼りに参戦していく。デザイン１つ１つの持つ意図や機能、それらが組み合わさることで発揮される効果、思わぬ視点での発想や検討等々議論は尽きない。打ち合わせ参加者同士で伝えたいことを伝え切ったら、あとは建築家の方に信頼してお任せする（事務屋が細々と口を挟んでも碌なことにならない）。そのような沢山の打ち合わせの積み重ねと各プロ

ジェクトメンバーの働きが有機的に絡まり、１つの建物が出来上がっていきます。

　各プロジェクトを通じて多くの素晴らしい建築家の方々とご一緒する機会を得て、沢山の刺激を受け、開発や建築に関する知見だけでなく、仕事に対する姿勢や意識を随分と引き上げて頂きました。自分にとってずっと変わらぬ大切な財産となっています。

　初めて拝見した2022年のU-35では、受賞者の方々はもちろん、展覧会観覧者らや企画運営に携わる学生らも含め、真剣で熱を帯びた表情に自分も胸が熱くなりましたし、巨匠建築家の先生方が若手建築家の方々に直接評価や助言をなさるような貴重な機会が提供されていることにも驚きました。また、建築レクチュアシリーズ217で繰り広げられる巨匠建築家の先生方の軽妙なトークの中から発信されるメッセージや分かりやすいレクチャーからも多くの学びを得ましたし、会場の熱気や一体感は他にはないものに感じました。

　グランフロント大阪TMOは、公民連携による持続的かつ一体的なまちの運営による「賑わい創出」・「質の高い都市景観形成」・「独自のコミュニティ形成」を実現するともに、多様な人々の交流や感動との出会いを生み出す「体験」・「経験」の創出によるまちの付加価値向上を通じた梅田エリアの持続的な発展を取組方針としています。夢に向かって歩み続ける若き建築家の皆様にとって、U-35がスタート地点として胸に刻まれ、そう遠くないいつの日か巨匠建築家となって再来頂き、また次の世代へU-35の精神を繋いで行く、そんな営みの場としてグランフロント大阪が微力ながら貢献できれば大変嬉しく思います。

一般社団法人グランフロント大阪TMO　プロモーション部長　　**樫本真弓**

　私は大阪市役所で働く建築職の地方公務員で、平成3年の入庁以来、約30年建築行政に携わってきました。何かの参考になればと私の経験をお話しさせて頂き、その後に若手建築家の皆様へのエールを表明させて頂きたいと思います。

　35歳までの10年間は、営繕部で市設建築物の基本・実施設計、積算、工事監理業務に従事し、公園便所や集会所から、区役所、区民ホール、消防署、診療所、温水プール、図書館、展示施設、小中学校、高等学校、大学校舎・研究所、老人福祉施設、斎場、清掃工場など、多種多様な規模・用途の新築・建替え・改修を担当しました。残念ながら自分で図面を引くことはなく、基本的に委託業務となっており、個人で営まれている設計事務所から、大手の組織事務所まで一緒に仕事をさせて頂きました。稀にデザイナー型の方と仕事をする機会がありましたが、意見交換しながら意匠検討や仕上げ材料の選定などを行うのは本当に楽しかったです。そして発注・契約と進み、施工会社・監理事務所の方々と、連日、配筋検査や、コンクリート打設、工場検査などに奔走し、現場のものづくりの重要性を学ばせて頂きました。振り返りますと、この10年は私にとって最も建築物そのものに触れることができ、貪欲に知識を吸収することができた貴重な期間でした。

　35歳からの10年は、主に企画立案、計画・方針策定に従事しました。具体的には、分譲マンション管理支援策や、高齢者住宅施策、住情報提供施策の検討など、住宅政策関連の仕事があります。また、大阪市は早い時期からファシリティマネジメントに取り組みましたが、その初動期である準備室の時代から業務に携わり、ストックの有効活用に関する基本方針を作成するなど、維持管理に関する基礎づくりを行いました。計画調整局への局間異動も経験し、大阪市の総合計画の策定を担当しましたが、ここでは広く大阪市全体を見て物事を考える習慣を身に着けることができました。また、大阪市立住まい情報センターという天神橋筋六丁目にある施設の所長も経験し、住まいに関する相談・情報提供事業や、「大阪くらしの今昔館」という博物館施設の運営に携わりました。大阪くらしの今昔館は、江戸時代の大坂の町を実物大で再現しています。また近代大阪の北船場や川口居留地、古市中団地などの精巧な模型も展示されており、ぜひ訪れて頂きたい博物館です。

そして最近の10年間は、空家対策計画や密集住宅市街地整備プログラム、公共施設マネジメント基本方針の策定など、全市的な計画・方針を考える業務が多く、空家改修や建物の修景整備、またブロック塀の撤去などへの各種補助制度の創設にも携わりました。また、「生きた建築ミュージアム事業」の立ち上げに関わり、建築を通して大阪の魅力を創造・発信する事業を展開していますが、現在は、実行委員会が中心となって、日本最大の建築一斉特別公開イベント『イケフェス大阪』を毎年開催しています。

　私は、一昨年に初めてU-35に参加させて頂き、その活動の理念・精神に感銘を受け、同じ建築分野に携わる者として共鳴いたしました。特にシンポジウムは、審査する側の日本を代表する建築家と、審査される側の若手建築家の方々が、衆目の中で意見を真摯に交換・ぶつけ合うというスリリングな場で、非常に驚いたことを覚えています。選ばれた若手建築家の方々は、年齢こそU-35なのかもしれませんが、建築的には完全に個々を確立されており、私が何かを言うのはおこがましい限りですが、どんどん活躍のフィールドを拡げて素晴らしい実作品を見せて頂ければ建築ファンとして嬉しい限りです。また、参加される学生の方々が建築家の先生方を見る目は純粋に光り輝いており、将来自分がめざす建築家像の構築に多大なる、そして決定的な影響を受けているのではないでしょうか。ぜひ、近い将来に出展者として模型を造り、壇上で語って頂きたいと思います。その日に向けて、今のままの気持ちで建築を続けてくだされればと思います。

　U-35が大阪で開催されていることは貴重であり、若い方たちに建築の第一線に触れる機会を与えてくださることは大変有難いことです。建築の未来を見据えた活動に取り組まれる皆様に改めて感謝を申し上げます。

大阪市　都市整備局企画部長　片岡利博

　日本は有史以来これまで、欧米からあらゆる分野において技術やノウハウを学んできた。建築についても同様で、鉄骨造、コンクリート造、そして近年では昭和49年に当時の建設省が、2×4工法をアメリカ・カナダから導入している。意匠設計においては、これまで世界的に活躍している日本の建築家が数多く輩出されているが、こと建築技術になると圧倒的に輸入超過になっている。建築に限らず、これまで欧米に学んできたものだから、今以って外国のものは優れていると思っている。

　コロナパンデミックを経験し、大変動の世界情勢下、物事の本質が明らかになり、大きなターニングポイントを迎えている。日本にはこれまで、世界一になれる発明や、イノベーションが山ほどあり、数々のブレークスルーがあった。打って出れば先頭に立つことができたのに、先頭に立つ勇気とガッツがなく、日本より性能、デザイン、品質が劣るものでも、自信満々に大きな声でアピールする国に後塵を拝し、2番手、3番手に甘んじてきた。そのほうが、リスクがなく、苦労がなく、プレッシャーがかからず、楽だからだ。これからもそれを続けていては、失われた40年になってしまう。断じてそうなってはならない。

　今の世の中が、どうしてこのような状況になっているのか。様々な説明が出来るが、残念ながら、心が良くない人ばかりが力を持っていることが大きな原因である。言い換えれば、弱い善人が多すぎるのだ。善き世の中をつくるには、善人が強くなければならない。正しい人が強くなければ、この世の中（世界）は良くならない。良心（カンシアンス）が欲望、煩悩を凌駕し、コントロールできる人々がマジョリティにならないと、世の中は良くならない。

　なぜ私がこんなことを言っているのか、建築と全く関係がないではないかと思われるかもしれないが、これは全てに通じることであり、良い建築をつくるには、まず自分自身が立派な人間、つまり強き善人にならなければならない。そして素晴らしい設計をするのはもちろんのこと、職人、技術者、或いは施工する人々を育てなければ、立派な建築はできない。故に、「我づくり、人づくり、もの（建築）づくり」が大切なのだ。

日本の技術はガラパゴスだ、日本の火事の火力はヨーロッパの3倍も強いのかと嘲笑されてきた。しかしその間に、日本の木造建築、特に木造耐火技術の進歩は目覚ましく、数々の発明や革新が凄まじい。今日では、欧米を凌いでいるものが数多くあるのは事実である。決して負けてはいないのだ。いよいよ日本で開発された技術、木造建築の技術を世界に輸出する時代が来たと思っている。世界で、日本ほど木造の建物を建築している国は他になく、それ相応の知見、技術、ノウハウを蓄積している。木造耐火技術と接合技術は、木の文化の国だけに世界に誇るものがある。

　U-35の若き建築家の皆さんにも、世界に打って出て、勝負してもらいたい。それは思ったほど楽ではないが、思ったほど厳しくもない。耐えられる。皆さんは勝てる。石造り、レンガ造りの国に、木造建築で後塵を拝しているようでは、悔しく、情けない。今こそ、2番手、3番手ではなく、ガッツ、勇気を持って世界の先頭に立とう！他人（ひと）がつくった道ではなく、リスクを取って未開のジャングルに道を切り拓こう。他人がつくった道を、口笛を吹きながら行くよりも、真っ暗闇の中を自らのトーチに火をつけ、それを頼りに突き進もうではないか。

　最後に、U-35の若き建築家の皆さんに一言。コンクリート、鉄骨だから長持ちする、木造は長持ちしないという考え方は間違いで、誤解である。長持ちするかどうかは、法定耐用年数や建築する工法で決まるものではない。クライアントと社会から愛されているかどうかで決まるのだ。コンクリート、鉄骨造でもクライアント、社会から愛されていないものは解体されるし、木造でも、クライアント、社会から愛されているものは、大事にされて長く存在し続ける。クライアントに喜びと感動を与え、クライアントと社会から愛される建築をつくろうではないか。

株式会社シェルター　代表取締役会長　木村一義

社会のために何ができるかを常に考える

　ケイミューは、社会が抱える課題に対して何ができるかを常に考えています。そのため、事業活動のエリアは日本のみならず、世界各国、役に立てる国があれば向かいます。今回は、当社が活動を進めてきた国の中で、本年、事業活動を休止した「ロシア」に対する当社の履歴をお話します。

　皆さんご承知の通り、ロシアは 1991 年 12 月ソビエト社会主義共和国連邦（ソ連）が崩壊した後の後継国家です。ロシアの経済は、1990 年代こそ、体制転換による不況に陥ったものの、2000 年から 2008 年までは、なんと期間平均実質 GDP 成長率 7.0% を誇るなど、奇跡の成長を遂げました。しかし、そうした経済成長にもかかわらず、ロシアの住宅事情はお世辞にも良いとは言えませんでした。当時、多くのロシア人が旧ソ連時代の集合住宅に住んでおり、建物の外観は、塗られたモルタルが剥げ落ちるなど、美観的にも褒められたものではありませんでした。そもそも、ロシアの集合住宅の外壁モルタルが剥落する理由は、冬の厳しさと外壁工法に起因しています。ご想像の通りロシアの冬は厳しく、屋外はマイナス 20 度、室内は 25 度と、気温差が実に 40 度を超える状況は珍しくありません。一方、当時の古い集合住宅の外壁工法は、レンガ（躯体）に直接モルタルを塗布する「直貼り工法」になっており、通気層が無く室内側から排出される湿気の逃げ場がないため、表面のモルタルを劣化させて、脱落するということが常態化していました。

　当社がロシア（モスクワ）に駐在員事務所を設置したのは、現地でそうした住宅事情を変えたいという機運が高まりつつあった 2009 年です。当社は、日本で培った「通気構法」を活用して、こうしたロシアの建築市場が抱える課題を解決できないかと挑戦を始めました。技術陣が何度も現地に足を運び、数多くの思考と試行を重ね、ついに、極寒の地、ロシアの躯体に日本生まれのサイディングを組み合わせる「ロシア版外断熱通気構法」の開発に成功しました。当然ですが、ロシア国内で販売するには、ロシアの国家認証の取得も必要になります。一から試験機関と打合せを行い、試験を実施し、基準をクリアして、無事、国家認証取得に漕ぎ着けました。

　しかし、そこで終わりではありません。いくら優れたロシア専用工法を開発しても、それを実際の現場で実践、再現してもらわなければ、まさに絵に描いた餅になってしまいます。そこで当

社は、かなり厳しい条件・ポリシー（製品の特長・特性の理解、現場における施工マニュアルの徹底遵守をなど）を提示し、それに賛同してくれるパートナーを募りました。幸いにも１５社の正規販売店が手を挙げてくれ、彼らと共に広大なロシアの全土に向けて、果てしない啓蒙活動を推進していきました。今思うと、かなり無謀な活動だったかもしれません。しかし、当社の商品を使えばロシアの建築市場の課題が解決でき、ロシアの人々に貢献できる、そういう熱い想いが正規販売店の皆さんと我々を突き動かしていたのだと思います。そうした甲斐あって、2009 年、ほぼゼロだったロシアの売上高は 2021 年度 20 億ルーブルに達しました（執筆時点のレート 1RUB＝￥2.4 で　約 50 億円）。しかし、2022 年 2 月 24 日、ロシアがウクライナに侵攻したことにより、当社のロシアビジネスは事業休止せざるを得ない状況に追い込まれました。これまでの 13 年間の成果が水泡に帰した瞬間です・・・。

　ロシアの建築に貢献したい、そういう気持ちで取り組んできた我々にとって、無念であり悔しさは残るものの、後悔はありません。なぜなら、我々は、ロシア社会のために何ができるかをひたすらに考え、そして、そのアイデアを具現化・具体化し、実際にそうした商品、工法がロシアの実社会にインストールされました。その結果、ロシアの人々から評価され、感謝されたのです。この経験、この考え方を持って事に当たれば、必ずや他の国、別の社会でも成功する、そうした自信、確信を得たことが大いなる成果だと考えています。

　大事なことは、社会のために何ができるかを常に考えること。

　若手建築家の皆さんの前向きな挑戦、そして、国内にとどまらず世界を股にかけての大いなる活躍を期待しています。

ケイミュー株式会社　代表取締役社長　木村均

次の時代の新たな空間づくりに挑む皆さんへ

　私たち丹青社は、「こころを動かす空間をつくりあげるために。」をコーポレートステートメント
に、自由な発想や新たな技術を組み合わせながら、商業施設や文化施設、イベントなど様々な分野の
空間づくりを手がける総合ディスプレイ企業です。2015年に平沼先生よりお声がけいただき、U-35の
開催趣旨に賛同して参加をはじめてから、はや8年が経ちました。出展される若手建築家の皆さんの
溢れんばかりの情熱に圧倒され、また今や目標ともなっている一世代上の建築家の皆さんがその若者
たちを厳しくも温かく包み込むように迎え入れるこのイベントのあり方に感動しました。現在はギャ
ラリーイベントの枠も活用し、当社の同世代の若手を中心に積極的に参加することで、未来を創造する
ヒントを得る良い機会としています。また、人的資本経営が重要視される現在、社員の多様な個性と創
造力が最も重要な経営資源と考えている当社としては、特にこれからますますの活躍を期待している20
〜30代の若手・中堅の社員たちにとって、U-35における多くの方々との交流は有益であり、一企業だ
けでは賄いきれない様々な形での「人」への投資につながるひとつの好機と捉えています。

　今からおよそ30年前の1994年、時代背景としてはバブル景気が崩壊して景気後退局面に入って数年
が経った頃です。同時に湾岸危機と原油価格の高騰も相俟って、今となっては「失われた30年」ともい
われる時代の始まりでした。社会に出て10数年の間、バブル景気全盛の急激な上り坂を必死に上り、そ
してバブル景気崩壊後の急なくだり坂を降りる、そんな時代の波に翻弄されながらも、プロジェクトマ
ネージャーとしてひとつひとつの新たな空間づくりに精一杯向き合っていました。その時に何を考え、
どこを見ていたかははっきりとは思い出せません。しかし将来に向けての前向きな志向を強く持ってい
ました。今思えば、プラスの経験もマイナスの経験も全て自分自身のキャリアとして積み上がっている
ということを実感しはじめていた時期でもありました。特にこの数年前の30歳頃から関東圏で大型開
発プロジェクトが集中しており、千葉営業所開設の命を受けて営業所長として仕事に邁進していた時の
ことをよく覚えています。千葉駅前の再開発、幕張地区の開発、国際空港の拡張プロジェクトなどへの
積極的な営業活動が功を奏し、これまで丹青社があまり経験してない領域でも、いくつかのプロジェク
トに参画することができました。しかし、それほどの大型プロジェクトとなると、大手デベロッパーや
スーパーゼネコンの担当責任者はほとんどが取締役級の方々でしたので、こんな若輩者が信頼を得て任
せていただけるのか常にどこかで不安を抱えながらも、社内で誰も手がけたことのない新たな仕事に精

一杯取り組んでいました。そんな私の心を見透かすように、あるプロジェクトでご一緒していた顧客サイドのリーダーから「君は丹青社の代表として誠意をもって対応してくれている。もっと自信をもっていい！」という一言をいただきました。自分自身の仕事への向き合い方を認めてくださったその言葉に背中を押されながら遂行したプロジェクトは、今に至るキャリアを拓くための大きな成功体験となりました。時代背景もありますが、若手にもチャンスを与えてくれる丹青社とプロジェクトで関わらせていただいた皆様には感謝しかありません。

　さて、皆さんが立っている現代はどうでしょう。コロナ禍という未曽有の災禍、世界情勢のさまざまな変化、原材料等の価格高騰などを原因とした景気後退局面が、かつてのバブル景気崩壊当時とまさに酷似していると感じます。しかしながら「若者よ、恐れるなかれ！」。日本はバブル景気崩壊後、リーマンショックの波に揉まれ、東日本大震災を経験しながらも街づくりを止めることなく、さらに発展しようとしています。私が過ごした35歳当時と現在で明らかに違うのは、社会全体の変革のスピードが急加速しているということだと思うのです。全国各地の都市の再開発、地域創生事業が芽吹き、DXへの取り組みが進み、さらにSDGsやGXなどの解決しなければならない社会の課題も多くあります。より良い未来をともにつくるために、皆さんが参加できる提案機会はこれから無数にあります。そしてU-35の発信拠点である大阪で2025年には、国際博覧会が開催されます。「いのち輝く未来社会のデザイン」というテーマは、まさに皆さんに託されたメッセージでもあるのです。

　U-35においては、2022年のテーマ「自分という、問題提起。」で、自分を見つめ直して社会の中におけるポジションを確認してほしいというメッセージが示され、2023年の「時代より先に変われ。」は、刻々と変わる時代に後れを取らないどころか、時代を先取りし、さらに次の時代を創っていって欲しいという期待が込められていると思います。まさに今の時代を象徴するテーマなのではないでしょうか。これからも、「次の時代の新たな空間をつくる」という同じ志をもつ皆さんの提案作品に出会えることを心より楽しみにしています。

株式会社丹青社　代表取締役社長　小林 統

デザイン・オリエンテッドという思想

　入社 5 年目、27 歳のとき突然 施工部長に任命された。当時、そんなに若い部長職への登用がなかったので社内の正式役職は「部長代行」だった。周囲の社員もビックリしたと思うが、本人が一番驚いた。部長職への任命にあたり、社長が話があるというので会議室で待つように指示された。会議室に社長が入ってこられたので、真っ先に本心を打ち明けた。「社長、私は若すぎますしとっても自信がありません！」それを聞いていた社長は、「中村君、僕は社長を何十年とやっているが、未だに自信なんてないんだよ！」と言ってすぐに出て行かれてしまったのである。

　それ以降、建築現場で組立・施工の管理をする部門長を都合 8 年経験した。当時は兎に角必死だった。高度成長期の経済は右肩上がり、それにつられて毎年売上高は伸びるが供給サイドの生産能力は一定のまま。結局、どの現場も納期遅れの連続で施工職人の遣り繰りも綱渡りでまともに納まる現場は稀である。徹夜は当たり前で本当に苦労の連続だったが、お陰で製品が予定通り納まらないわけ（不具合が起こる理由や会社の仕組み）がよく分かった。その時に経験した「経営で大事なことは、需要と供給のバランスをとる」ことは未だに頭から離れることはない。

　その後、販売部門のスタッフを経て 35 歳の時は、オフィス環境事業の製品開発部長であった。大学の専攻は工業用ロボットの応用研究、入社希望は物流部門、だから製品開発などまるで専門外で面食らったが、製品開発はやればやったでなかなかに面白い仕事である。ライフサイクルの終わる製品の代替製品を開発すればそれなりに売れるのだが、新しく市場を創り出すことは出来ない。この仕事で学んだことは、製品開発とは新製品を作ることではなく新たな文化や市場（マーケット / 需要）を創り出すことである、ということ。このことに気づくまでに何回失敗しただろうか。

　株式会社オカムラ（旧社名：岡村製作所）の原点は、車づくりである。昭和 20 年（1945 年）10 月終戦と同時に海軍の飛行機会社に勤めていた航空機技術者が貯金を出し合って作った会社が岡村製作所（横浜市磯子区岡村町）。今でいうベンチャービジネスだが、創業 10 年目にして自動車産業に進出する。ドイツのポルシェを目指してスポーツカーを手掛けるものの、終戦後間もないことから暫くして撤退となる。この車は、なんとノークラッチのオートマチックドライブ方式だったが、

この頃から世の中に先駆けてという経営思想が芽生えていたのである。

　余談ながら、このスポーツカーを「ミカサツーリング」と呼ぶが開発を担当していた技術陣の中に、建築家の内藤廣先生のお父様（内藤晃さん）がいらしたのである。その後、当社が自動車産業から撤退すると同時に他社に移られたが、当時アメリカ人がそのスポーツカーを買いたいという依頼に「残念ながら、自動車の生産は中止となったので売ることは出来ない。ついては、英文のカタログだけ送る。」という自筆の手紙が、53 年後になんとアメリカで「手紙と英文カタログ」がセットで売りに出されたのを当社のシンガポールの社員が見つけ買い戻したのである。その自筆の手紙と英文カタログを額装して、内藤廣先生に贈呈したがとても喜んでいただいた。まさしく、縁は異なもの不思議なものである。

　もう一つ、自動車産業から撤退して残ったものがある。それは「デザイン・オリエンテッド」という思想である。いまから 70 年も前、自動車産業へ参入するに際し車のデザインを担当する大学卒の工業デザイナーを採用したのだが、自動車の生産中止で職種転換を余儀なくされた。新しい事業であるオフィス家具のインダストリアルデザイナーとスペースデザイナーへの転換である。以来、デザインを大切にモノづくりや空間づくりを続け今や 430 名余りを超えるデザイナーを要するまでになった。また、日本は資源も何もない国で無形の財産としてデザインや建築といった技術を育てることが大切だという想いから、今年「美術大学の奨学金制度（JEEF•オカムラ次世代育成奨学金）」を設立した。年間一人 180 万円、4 年間で 720 万円を支給（入社義務・返済義務なし）するというものである。

　これからも、資源のないこの国から〝デザイン〟や〝建築〟で著名な人が育つことを願っている。

株式会社オカムラ　代表取締役社長執行役員　中村雅行

2022年開催 展覧会の様子 (2022.10.1)

2022年出展者の皆様 (2022.10.1)

2022年開催 シンポジウムⅠの様子（2022.10.1）

U-35 2022 Gold Medal 賞：佐々木慧

Under 35 Architects exhibition 2022 Gold Medal

最優秀賞

2022年開催 シンポジウムⅡ 伊東豊雄さんご講演の様子 (2022.10.8)

2022年開催 シンポジウムⅡ の様子 (2022.10.8)

【過去の出展者】

2010年　大西麻貴　大室佑介　岡部修三　西山広志＋奥平桂子　藤田雄介　増田信吾＋大坪克亘　米澤隆

2011年　大西麻貴　海法圭　加藤比呂史＋ヴィクトリア・ディーマー　金野千恵　瀬戸口洋哉ドミニク　増田信吾＋大坪克亘　米澤隆

2012年　能作文徳＋能作淳平　久保秀朗　関野らん　小松一平　米澤隆　増田信吾＋大坪克亘　海法圭

2013年　岩瀬諒子　植美雪　小松一平　杉山幸一郎　塚越智之

2014年　長谷川欣則　細海拓也　植村遥　魚谷剛紀　伊藤友紀　高栄智史　山上弘＋岩田知洋

2015年　植村遥　岡田翔太郎　金田泰裕　北村直也　佐藤研也　高濱史子

2016年　川嶋洋平　小引寛也＋石川典貴　酒井亮憲　竹鼻良文　前嶋章太郎　松本光索

2017年　齋藤隆太郎　酒井亮憲　千種成顕　野中あつみ＋三谷裕樹　前嶋章太郎　三井嶺　安田智紀

2018年　京谷友也　高杉真由＋ヨハネス・ベリー　彌田徹＋辻琢磨＋橋本健史　冨永美保　中川エリカ　服部大祐＋スティーブン・シェンク　三井嶺

2019年　秋吉浩気　伊東維　柿木佑介＋廣岡周平　佐藤研吾　高田一正＋八木祐理子　津川恵理　百枝優

2020年　秋吉浩気　神谷勇机＋石川翔一　葛島隆之　山道拓人＋千葉元生＋西川日満里　松井さやか　山田紗子　和田徹

2021年　板坂留五　榮家志保　鈴木岳彦　奈良祐希　西原将　畠山鉄生＋吉野太基　宮城島崇人

2022年　奥本卓也　甲斐貴大　Aleksandra Kovaleva＋佐藤敬　佐々木慧　西倉美祝　森恵吾＋張婕　山田健太朗

―― 2007 年頃から若手建築家の作品や考え方、活動を知る機会とされていた建築雑誌 SD や建築文化等の休刊が進み、2010 年リアルな発表と議論の場を設けようと開催をはじめた U-30 は、「出展者が数年後、審査を引き継ぎ、世代間で継いでいくような建築家への登竜門的な発掘の取り組みにする」と、オーガナイザーを務める平沼孝啓が考察していたが、3 度目の開催を迎えた 2012 年のシンポジウムで「この建築の展覧会は、我らこの世代が生きていく限り、生きた時代と共に率いていく」と、藤本壮介が発言したことから、順に審査を受け持つ現在の形となる。2013 年、本展 4 度目の開催からファウンダーの五十嵐淳や五十嵐太郎らと共に、毎年、出展者と議論を交わすため欠かさず出展者を見つめてきた芦澤竜一は、展覧会やシンポジウムも含めた議論の場で放つ独自のクリティークにより、本展のプログラムも多元的な角度で共に探る存在となる。20 代の頃から芦澤をよく知る平沼は、「土着性のある原理を最も大切にしたアヴァンギャルドな建築家」と、2015 年の展覧会図録で、芦澤の印象を話している。共に U-35 の頃、建築家としての駆け出し時代にプロジェクトや海外での展覧会、コンペやコンテストにも多数取り組んだ芦澤が、2022 年、公募による出展者選考を審査委員長として務め、13 回目のシンポジウムで GOLD MEDAL 授賞者の選定を終えた翌日、あらためて本展を通じた建築展のあり方に対してどのようなことを思い、どのような方向に導くことを望んでいるのか、平沼が聞き手となり対談方式で考察する。また後半には、GOLD MEDAL 受賞者を交えて「これまでの建築界」と「これからの建築界」について近年感じていることや、今回の U-35 出展者をはじめとする建築を志す若い建築家に向けてのメッセージも収録する。

芦澤竜一（あしざわ りゅういち）建築家
1971 年神奈川生まれ。94 年早稲田大学卒業後、安藤忠雄建築研究所勤務。01 年芦澤竜一
建築設計事務所設立。滋賀県立大学教授。日本建築士会連合会賞など国内外で多くの賞を受
賞している。

平沼孝啓（ひらぬま こうき）建築家
1971 年 大阪生まれ。ロンドンの AA スクールで建築を学び、99 年平沼孝啓建築研究所設立。
08 年「東京大学くうかん実験棟」でグランドデザイン国際建築賞、18 年「建築の展覧会」で
日本建築学会教育賞。

平沼：昨日のシンポジウム、そして U-35 2022 の審査委員長として 1 年間、お疲れさまでした！大変だったでしょう。

芦澤：お疲れさまでした！いやいや、楽しかったですよ。

平沼：まずは、昨晩の審議について。非常に判断が難しかったと思いますが、どこに価値を置くかによって、7 組が均衡しているような状態だったと思います。難しくなかったですか。

芦澤：そうですよね。今回の皆さんにはそれぞれに相当な力量があったと思いますので、選出基準をどこに置くのか、判断するのがなかなか難しい。シンポジウムは議論して考えの展開を聞く場として設けられていると思うのですが、上世代の意見を聞いても、今回は核心に迫るような評価が定まらなかった。彼らが掲げているスローガンといいますか、マニフェストに対する突っ込みが多かった印象です。

平沼：議論の中心はそこでしたね。

芦澤：実はマニフェスト、その言葉が彼らの展示作品とまだピッタリ嵌っていない印象と疑問が僕にはありました。それを上世代の皆さんも感じていたと思うんですね。

平沼：そうですね。この展覧会は展示作品だけではなく、建築に対する姿勢や人となりも含めて選ばれていることが多いのですが、確かにマニフェストを掲げているものの、未完の取り組みを壇上に上げて議論を生むような、そこにはまだ作品が追いついていない状態だったかなと思いました。少し振り返りたいのですが、2月初めの出展者7組の選考の日、芦澤さんらしくなく非常に悩まれておられましたよね（笑）。正直、直感で決めるのかなと思っていたら、案外、相当悩まれていました。あの時点では人柄はわからないわけですが、ほぼ知らない状態の人たちの中から7組を選んだ時点で、昨日の結果まである程度の予想ができていたのでしょうか。

芦澤：昨日の結果まで？それは正直、全くと言っていい程、何も見えていなかったです（笑）。最初の選考の時も結構悩みましたし、蓋を開けてみると推薦枠の人が多くなってしまいました。できれば自薦公募枠の応募者からなるべく救いたかった。そして東京・関東圏の方だけではなく、地方の人や海外の人含め、いろいろな可能性を持ったバラエティに富んだ人たちが集まった多様な展覧会ができると良いのではないかなと思っていたのですが、結局7組中5組が指名の方になりました。

平沼：同世代の方たちが挙げてくれるリストには、さすがに出展を果たされた方たちをも認めさせる、ある程度の力を持っている方々が挙がっていますからね。書類選考で選出された時点の印象と、シンポジウムを終えた今の印象はやはり違いますか？

芦澤：そうですね。書類上の印象とは違った、全体的に期待していた以上に面白い展示になったと感じました。

平沼：昨年の吉村さんの年から、選出後出展者にクリティークすることで展示が良くなるのではないかと、4月に初めて集まる出展者説明会の日に始めたのですが、芦澤さんも継いでいただきました。僕もその状況を一緒に見させていただいたのですが、その機会があったからこそ、圧倒的に良くなったと思っているんです。やはり彼らにとって芦澤さんが同じ建築家の目線で寄り添いながら、いわば相談相手になり引き寄せてあげたことで、彼らがモヤモヤしていることも解消され、この結果に繋がったのではないかなと感じました。

芦澤：確かにその効果が大きかったと思います。応募時点で提出されている展示案をエスキースし、意図を聞きながらやり取りさせてもらったことで、随分、建築的な展示になったと思います。単にパネルや模型を並べるのではなく、この会場という敷地自体が建築の作品になるように捉えてみたらどうか

と、大抵の人には言いましたし、皆さん応えてくれましたね。

平沼：彼らの中に一石投じてもらったことから、半年後のこの展覧会への展示効果に繋がるように、緩やかに浸透していったのではないかなと思っています。そして今日は、昨晩の余韻が冷めないうちに、毎年、審査委員長にインタビューをとり、来年の図録に収録させてもらうことで、これからの挑戦者にも参考にしてもらいたいと思っています。この展覧会会場で収録させてもらっている醍醐味ですが、一つ一つの展示作品を実際に見ながら、芦澤さんがどのように出展作品を見ていたのかお話いただけますか。来場者の巡回路とは逆回りで、まずは森さんと張さんの展示作品からお願いします。

芦澤：はい。スイスのメンドリジオにいたということもあり、今までにある建築の形態や形に関心を持っていて、あまり新しく奇抜な形をつくろうと、彼らは考えていないということはわかっていました。ただ普遍的な幾何学の中から形態を用い、全く違う印象を部分の操作によって与えようとしている狙いは理解できるのですが、それによって結局建築がどうなっているのか、というところがね…。

平沼：金網で三角錐みたいなものを描いてボリュームを囲み…。手法としては面白い操作を用いようと試みているのですが、それらが建築になった途端に魅力が伝わり難いのですね。

芦澤：そうそう、手法としては面白いのですね。強い純粋な形に柔らかいパンチングメタルを使うという、違和感があるからこそ、違う空間体験ができるのだろうなとは思うのだけれど、その違和感を広げたりつくる際の工夫などが、実際の建築においてはイマイチ意味が伝わらない印象がありました。表層がそれほど重要ではない気がするのと、なぜこのス

トラクチャーでつくっているのかという説明が展示で抜け落ちているように思いました。展示の説明を本人にお聞きすると、外のこちらの世界と内の向こうの世界を行き来することで見え方が変わると言うのですが、正直、この展示で彼らがやろうとしたことは、上手く達成できていない気がしています。素材にこだわるのであれば本物のレンガでやってくれよと。見ているところが少し浅い気もしましたね。平沼さんはこの年齢の頃の建築展で、相当デカい木造の積層構法の本物でつくったではないですか（笑）。

平沼：でもそれは、相当大変だったではないですか（笑）。建築展に挑む際、空間体験を促すのだったら原寸展示は避けられない。それは一部でも一種の体験として来館者の記憶に残すのだと思うのです。だから建築の展覧会という時限的な展示に沿った、こんなやり方があるのだなぁ、と学ばされていました。

芦澤：これなら原寸でやらない方が良いことは明白でよね。原寸展示をやるということは、やはり本当のストラクチャーとテクスチャーでこそわかる空間の質、建築の魅力が伝わらないといけないと思うんですね。例えばここからでは光の入り方や開口部からの見え方が今一つわからないんですよね。平沼さんの原寸展示は、外光の光まで照明で備えていましたよね。

平沼：まぁ、自然光の光が売りの建築空間だったので、1万lm程の相当な光の協力をいただきましたから地下展示だったのに外部にいるようでした（笑）。そういう類の違和感は、確かに感じます。次は山田さんの「積層の野性／野性の積層」です。

芦澤：山田さんの展示は、応募時よりとても良くなったと思います。実際につくっている建築以上に良いのではないかなぁ（笑）。そしてこの展示にはすごく可能性を感じました。木があって鉄骨があって、ブロックがあって、さらには家具的なものを備えてきている。ただプロジェクトでやっているものは結構モジュールが明確に決まっていて、ちょっと窮屈な印象があるわけですよね。ただこの展示に関しては、構造的な、建築法規がないということもありますが、彼が昨日説明していたように、構造的にはS造で解いていて、ブロックの中に全部丸鋼が入っていて鉄骨造で解かれている。結局、木やブロックが化粧的に扱われているという、従属関係があるんですよ。ヒエラルキーがあるのでこのような形になってしまうけれど、この展示に関してはそれを感じさせなかったので、最終的に構造的なハイブリッドによる建築を目指せば良いのではと思いました。

平沼：この展示のようにアヴァンギャルドにね。

芦澤：そう、これこそが「野性」ですよね（笑）。いろんなものがハイブリッドしていくように、もっと野蛮にやった方が良いと思います。

平沼：しかしこれを見ていると、山田さんが言っていたブリコラージュ的には見えないんです。しっかりと骨格が見えていて、面的にも軸的にもそれほど…。そこに彼が昨日のシンポジウムで上手く説明できていなかったと思うのですが、どう思われましたか。

芦澤：そうですね。いろんな素材を構造材として組み合わせていく可能性はある。例えば日本の建築に見られる改修の手法。元々木造の建物に対して鉄骨で補強し増築した建築がたくさんあるように、ブリコラージュ的なことは世の中でいろいろ起こっています。新築でつくる建築の手法としてこれらを取り入れていくことは可能性があると思う一方で、先ほども言いましたが、山田さんの建築はかなりモジュールに支配されてしまっている。いろんな素材があるにも関わらず、ルールが1つでできていて、ルールそのものはブリコラージュされていない。

平沼：そうなんですよ。スパンにせよ、テクスチャーにせよ、結局制限されて自由を奪われてしまう。

芦澤：ルール自体をより複雑化するとか、いろんなルールにより成立するような建築のつくり方を考えていくと、もっと面白くなるのかなという気がしました。

平沼：可能性を広げるのに、既知感のある素材じゃなければ面白いのにね。今はもう一歩ということでこの先の展開に期待を寄せています。

芦澤：そうですね、面白いのは面白いのですが、他にも素材を扱えると思うのだけども。

平沼：あえて流通製品だけで素材を変えながら仕留めたことが、逆にルール化され、縛られてしまっているようにも見えます。では次が「偶然の船／壊れた偶然の船」。西倉さんですね。

芦澤：西倉さんはやはり展示が良かったですよね。自宅から持って来られたそうですが、建築がうごめいていくといいますか、固定的な建築ではなく、流動するということを家具というツールを使ってやっていることが面白い。ただこの場では会期中に少しずつ動かしてもらえるともっと面白い。それから限界があるのかもしれないけれど、この場所、大阪の材料や、場所のコンテクストで素材を集めて、動いていくと面白いのではないかと思いました。

平沼：なるほど。せっかく大阪での展覧会で、出展まで半年あったのだから、開催場所の素材を集めていくという、全く新しい新鮮な視点で大阪の人たちに、オルタナティブパブリックというものを紹介すればよかったですね。

芦澤：それから、家具の話と提案している建築の話とオルタナティブパブリックというのが、繋がった先の建築のあり方も提示していくと面白い気がしますよね。今回は建築の提案はドローイングだけで少し分かりにくく、やろうとしていることはなんとなく理解できるのだけれど、より具体的に模型なりを出して解像度を上げて表現してもらえると良かったの

かもしれません。

平沼：次の展示ですが、この場所（西倉さんの展示椅子）に座って見ると、ロシア館の過去から現在、また未来のプロジェクトに向いているという説明が佐藤さんからありました。これをどう見ていましたか。

芦澤：正直、力量的には圧倒的であるし、ものとしても非常に良くできていると思っていました。展示の仕方も過去から自分たちが改修したその先まで展示されている、狙いが展示にも表れているなと思うのだけれど、やはりロシア館の思考とその先のプロジェクトとのヴィジョンのギャップというのか甘さが気になりました。

平沼：それは僕も壇上で話しましたが、そうなんですよね。

芦澤：ロシア館の力量だけを見ると圧倒的に彼らが GOLD MEDAL 候補です。けれど既にヴェネチア・ビエンナーレの時にも評価されていると思うのです。

平沼：現在以降のプロジェクト自体の表現は別に悪くはないし、4 万分の 1 で均質化したものの中で違いがわかるような一つの方法を提示できているとは思っています。でも、僕は偶然ロシア館を見たのですが、彼らがやったのはリペア。窓の開口位置を少し広げたり、戻したり、復元したりなど、リペアしかしていないのですが、ソビエト連邦からロシアに戻った 100 年の時代変革を、現代に焼き直されているロシア館は凄いなぁと思いました。そこでサーシャのことを話されていたので、現地ではロシア人が改修しているのだと思っていたら佐藤さんとのユニットでそれも若い方が活動されているのだと知り、推薦しました。でも芦澤さんが仰るように、後のものとロシア館とが繋がっているようでまだ見えてないですよね。

芦澤：ウクライナのこともあり、このご時世だからこそ政治問題なども含め、今ロシア館で何が問えたか考えられたのではないでしょうか。ロシア館という建築でこの先の未来を表明することができたかもしれない。。そこまでやっていてくれていれば、間違いなく取っていたでしょうね。

平沼：過去のものは圧倒的でしたが、未来のものを共有させてくれる大きさが、現在までのものと、まだ見えきれないものがあるんですよね。

芦澤：展示されている新たなプロジェクトについては、具体的につくろうということがどのようなことなのか、説明や言葉がきちんとあるといいと思いましたね。

平沼：議論になっていましたよね（笑）。図録の中に 1 ページだけ、ダイアグラムが出ているのが素晴らしいんです。ただその手前のページが過去の写真がこんなのでしたよ、というだけでして…。

芦澤：何をどうしたのかというところを、物語的にね。

平沼：そうですよね。この間の部分が欲しい。シンポジウムのスライドで説明すればそれだけでよかったはずなのに、多分力が有り余っているのでしょう（笑）。でも元々、ここにロシア館のアーチをつくる展示を計画していてロシア館の体験展示を楽しみにしていたのに、途中からこの方向になりましたね。

芦澤：未来を見せたいという話は、初めからそう言われてきてたからでしょう。今考えてきたこととこれからのことについて、U-35 展では、完成した、終わったということを単に説明するだけではなく、その先の自分たちのビジョンを見せるということが大切な姿勢だとは思います。それを聞いていたから未来を展示に反映してきて良かったのだけど、、、これではね…。

平沼：ただ展示の仕方を工夫してほしかったんです。この展示だとどうしてもロシア館の模型に目がいってしまうので、関係性をどういう風に見届けたらいいのか、難しいなと思ってしまうんですよね。もしかしたら彼らは GOLD MEDAL なんかはいらなくて、わざと迷わせたのかな？と思ってしまうぐらいですが（笑）、結局、議論の中心はそこでしたからね。そして奥本さんはどうでしたか？

芦澤：硬派ですよね（笑）。都市木造で防火や燃えしろ、法規と素材を拡張する。その姿勢はすごく分かるし、自分がやろうとしていることもストレートにそういうことなんだろうと思う。

平沼：切り欠きにデザイン、余白にデザインを施す。

芦澤：そこにいくか？みたいな。それはやりたいことの中心ではないでしょ、と問いたくなります。

平沼：価値のなかったところに価値を置こうとしたり、燃えしろの灰になった部分を取り替えようとしたり、誰も気が付かなったところに取り組む姿勢は評価できるのですが、それ以外の建築自体のオリジナリティは？みたいな話が、そもそも欠落しているように感じました。まだできていないから仕方ないのですがね。

芦澤：要するに、燃えしろになった後の補修の仕方をどうするのか考えることは、もちろん建築を更新していったり、継承していったりする上ではとても大事なことだと思うのですが表層だけじゃない。多種多用にある防火区画や耐火性能を保有するところをもっと説明して、古い街を残すために防火材料となるような建築をつくっていくことを提示する方が僕は面白いのではないかと感じました。そして社会へ向けた建築の展覧会ですからそこはもう少しわかりやすくしないとね。見に来た人は、これでは展示の内容がわからないですね。ビデオで一応流していますが、一建築だけの話になっているから、都市の話をちゃんとしないといけないと思いました。

平沼：法基準にも集団規定と単体規定がある中で、単体規定の話だけに特化したけれど、本当は延焼の問題、火は外からの方が大きいにも関わらず、その提案展示が欠けている。考えはあるはずだと思いますので、見せ方への努力をされればきっと理解してもらえると思います。

芦澤：展示も実直な感じでマッシブにできていて人間性が表れていていいですけどね。

平沼：さぁ、甲斐さんの作品を体験してみましょう。彼は昔、優秀だったと昨日、永山さんたちが話されていましたね。

芦澤：優秀ですね。

平沼：樹種の違いだけで、そのものを応力度に合わせてつくっていくという作品でした。

芦澤：そうですね、力がかかるところに強い材を使うという、至極当然のことをやっている。ただ自分の恣意性で建築を決めたくないという姿勢で構築をしているのだけれど、結局は人間によってつくられている状況から逃れられない。人間の感性や思考を超えて何かを決めたいという姿勢はある種の自然の造形に近い、そういうことに挑んでるのかなと思うものの、形態をつくっている以上それは自分で決めているわけです。自分で決めないなら、色々なパラメータを設定して形態がつくられるルールをつくるようなことをやったらいいとは思います。今回の展示では、形は知りませんと、形態を決めることを放棄してしまったことはまずいかなという気がしました。

平沼：形態を消したり形態を自動決定したりしていく手続きから、結局、自分が最終形まで生み出していくプロジェクトの経験が必要でしょうね。ただこの形態であってもそれに合わせて普通の形態を操作しようとする、形態を規定値として素材を当てていったことについては、見事なものだと思います。

芦澤：解析してね。でもこれだったら他の構造エンジニアやアーキテクトでもできてしまうことを考えると新しさが足りない。

平沼：辛口になってきましたね（笑）。でも彼は、何年かしたらとても凄くなって帰ってくると思います。では最後、佐々木さんです。

芦澤：佐々木さんには昨日も言ったけれど、やはり粗いが、展覧会そのものを建築としてつくったということが一番わかりやすく結果が出たと僕は見ています。箱の中に全部展示物を梱包してそれを開封したらそのまま展示になるということですから、ゴミを出さないし、他の場所で展示をする場合もそのまま展開していけるというところがいいですね。

平沼：そろそろ建築の展覧会として、出展者側にも、環境サーキュレーションも考えてもらわないといけません。実は会場の設えは、毎年同じリースパネルを組み替え、表具紙という水張り紙だけを取り変えて貼ってもらっています。出展者にもビスを打つとか、穴を開けるなとお願いして（笑）。照明などはパナソニックさん、家具はインターオフィスさんや USM さんからお借りしていますし、カーペットはパシフィックテキスタイルさんに、中古のものを洗ってきてもらっています。

芦澤：そうなんですね。

平沼：この会場に移転してきた当時、相当な開催の資金不足に見舞われまして、協力してもらった皆さんが今も協力してくださっているのです。結局、ゴミを出さない手法を編み出そうとしても何もしない場合も多い。でも模型の保管や移動、資金調達の不足から、そのような視点が生まれてアイディアで終わらせるのではなく、実際にやっていることがいいですよね。

芦澤：うん、いいと思いますね。

平沼：事務所での模型の保管にも備えていますね。

芦澤：そう、模型は保管が難しい。佐々木さんのパッケージ群のこれだけの空気を保管するほどの余裕はないでしょうからね。展示作品一つ一つ見ると、非建築と言いながら拡張していってデッキと連続する建築空間などの作品には、既視感を感じていました。

都市を表面に転写する
Transcription surface in the city

HOOD
2021, Office, Oita, Japan

平沼：周辺の環境から影響された結果だと説明があったのですが、僕はなんとなくセンシティブな感覚を持っているのだろうと思っていて、スケール感にしても、要望に寄り添うような形になっている。だからこそ、この展示姿勢としては、芦澤さんが仰るような一貫性はありましたね。選ぶ際、悩みどころはどこでしたか？

芦澤：最初は、KASA と甲斐さんと山田さんが気になっていたのですが、KASA と甲斐さんと佐々木さんで悩み始め、最後は、KASA と佐々木さんの 2 つで悩みました。

平沼：それは作品の優劣、彼らの人柄や作家性への言及など、どのような部分で悩まれましたか。

芦澤：提示した作品で言うとロシア館が圧倒的であったと思います。クオリティや建築の質ではね。でも将来へのビジョン、建築が完全に形になっていなくても何かを投げかけるビジョンや建築の可能性、社会に対する自分たちの建築を使ったメッセージという視点で見ると、KASA がやっていることは、少し見えにくい。これからどういったビジョンで社会に問いたいのかというのがまだ見えなかったのです。ですので建築の作品性、建築家としての姿勢が粗くてもいいと。U-35 は完成度というより荒々しくても自分自身のビジョンへの問いかけがある器の大きい人の方がいいと思うし、そういう人に GOLD MEDAL をあげたいと思いました。

平沼：なるほど。僕は来年 10 年ぶりに審査委員長を当番しなければいけないのですが、何か前年審査委員長からアドバイスはありますか。

芦澤：平沼さんの審査基準でいいのではないですかね。毎年変わる方が面白いと思います。

平沼：今年は一緒に聞いていて、全く、選べなかったのですよ。僕なら選ばなかったのではないかと思うくらい。必ず誰かを選んでくださいと言っている側だったのに（笑）、非常に難しかったと思います。どの基準で見るかによってどれも似たものがなかったので比較評価では難しい。芦澤さんが言われたように、ロシア館は後ろの問題があって、やはり議論の中心になったのですが、彼らの返答を聞いても腑に落ちるものがなかったので外れてしまった。

芦澤：議論に挙げられたことで、損しているところも得したこともあったかもしれませんね。

平沼：逆にそこできちんと語ってくれれば選べたとも言えます。MOZH も取り扱っている内容を見ると面白い展示だろうし、あれはあれで新しいのではないかとも思う。また、僕たちが混合させることにちょっと違和感がある時代に育っただけで、もしかしたらこの先もっともっとブリコラージュ的になるかもしれないし、といろんな見方によって様々な判断があるなと考えると、難しいと思いました。

芦澤：扱っているテーマはすごく面白い。ただブリコラージュというのは本当に建築化しようと思うと混構造で複数の素材を扱うわけで、いろんな構造のハイブリッドも絶対あり得ると思うのだけれど、解き方がすごく単調。結局鉄骨造で解いていて、建築の作り方もモジュールで統合していく姿勢が見えてしまった。もっといろんなものがバラバラで存在することを許容する方程式、方法論が組めるのであれば可能性があると思います。今後、より様々なものが複雑になっていく世の中になると思いますし、自然素材もあればテクノロジーによって開発された新素材のようなもの、あるいは今まで流通されている鉄骨や木などの素材も含めて、いろんなものや更にことを同時に扱い、建築化できるツールができればそれはすごく魅力がありますよね。

（GOLD MEDAL 授賞者：佐々木さんを交えて）

佐々木：昨日はありがとうございました。どうぞよろしくお願いします。

平沼：よろしくお願いします。昨日、議論の中心には佐々木さんの話はなかったと認識していて、いきなり芦澤さんに選ばれたという状況で、突然お名前を呼ばれてびっくりされたのか、嬉しさのあまり少し涙ぐまれていた様子に感動をいただきました。何より受賞後、チームの皆さんを気づかうコメントをされたのは見事だったなと思いますし、建築の展覧会に出展するにはチーム力というのか、慕ってくれる協力者がいて参加が叶うものでしょう。その配慮がある人がゴールドを獲ったんだと会場全体が絆されたように思います。ただ誰が取ってもおかしくなかった状況でしたよね。ご自身は満足のいくプレゼンはできましたか？

佐々木：いや、思っていることは言えたと思うのですが、その後の議論の場で話すタイミングがなかったのが、少し残念に思っていました。

芦澤：今回の展示の完成度、ご自身の評価はいかがですか？

佐々木：はい。梱包箱をそのまま使うことについては、一発で完成させるのは少し難しいなと思いながらも、一回やってみようとトライしました。実際にやってみるとやはり思ったより中身がシワシワになってしまうとか、構造的にかなり弱いということがいろいろ判明し、時間が許す中でなんとか完成させましたが、なかなか積み上げるのが難しかったです。あの展示スタイル自体は、気に入っていますしうまくいったと個人的には思っていますが、誰も展示スタイルに言及されなくて…。芦澤さんがやっと言及してくれた時は、素直に嬉しかったです。そのあと五十嵐太郎さんにも「東北大でそのまま福岡から送ってやってよ！」と言っていただき、このスタイルは波及できるアイディアだと思い、もう少しブラッシュアップさせていくと面白いかなと思っています。非建築という思想も自分なりに展示の形自体に反映できているので、個人的には芦澤さんもおっしゃっていましたが、展示の仕方自体と思想の表現としては、他の人と比べてうまくいってるのではないかなとは思っています。誰にも言ってもらえなかったですが（笑）。

平沼：シンポジウムの審議中、議論の中心は佐々木さんになかったわけですが、まな板の上にのっているのだけれど、のっている素材ではない状態で議論がなされている。あれを聞いていた印象はどうでしたか。

佐々木：展示する人もそうだけれど、一人一人思っていることを、もっと活発に話さないといけないのではないかと思いました。結局賞もその場の流れで決まるところがあると思うので、その流れが、昨日はあまり流動的じゃなかった気がしました。いつもアワードを見ていて思うのですが、その時にこれを言ったから取れたのだとか、言わなかったらどうなっていたんだろうみたいなことが

あります。賞というのは一人で選ばない限り絶対そうなっていて、そのダイナミックさが僕にはなかったのではないかなと反省していました。

平沼：僕は逆に一番あったと思っています。多数決で決めるような会ではなく、芦澤さんが選ぶわけですから、芦澤さんに対して皆が思っていることの仮説を立てて掘り起こしている。言及された方は、触れられた回答によってだんだん墓穴を掘っていった。

佐々木：そうなんですね。

芦澤：全然響かなかったです。

全員：あはは。

芦澤：結局 KASA と MOZH を話題にしながら、あまり引っ張ってあげられていなかったですね。むしろ落としていっている。

平沼：違うんですよ。彼らには、一つ一つ興味のあるところから順番に質問を出しています。質問が悪ければ、受け手は良い回答が出しやすいと僕らは信じていますから、そういったモラルがある中で質問しているのだけれど、回答が、芦澤さんの耳に評価される軸で返ってこなくて、昨日は皆があれ？と思い始めた。ですので議論に上がった人たちは、ご自身の発言で脱落していったんですよね。

芦澤：そういうことですね。

平沼：だから佐々木さんには焦点が当たっていなかったから、脱落せず残った。そこはどうですか？

芦澤：そうですね。僕は佐々木さんと KASA、甲斐さんも少し気になっていました。KASA は建築のクオリティはとても高いのだけれど、これから先に投げかけるものというのが弱かった。僕としては U-35 で、一つの作品だけではなく、自分の建築のビジョン、未来へのビジョンのような問いか

けを、展示で表現してほしいと思っていたのですが、そういう意味で彼らはやはり弱いと思いましたね。佐々木さんは、展覧会自体が建築になっていることや、ゴミを出さないなど、循環させていくというサーキュレーションデザインができていて、それがプロセスとしてありながら、何か建築を通した未来への問いを持っているなと感じましたね。

平沼：誠実さが感じられました。

芦澤：五十嵐淳さんは粗いと言っていたけれど、U-35 の段階では粗くていいと思うんですよね。そういう骨太な未来に向かっている強い眼差しを見たいというところにバチッとハマったという感じですね。

佐々木：ありがとうございます。僕は結構、大きさや物量は大事だと思っていて、言葉に勝つ何かがあると思うのです。そういう意味で一緒に頑張ってくれたスタッフにありがとうと言いました。量が絶対大事だったので。それは結果的に建築のクオリティや、コンセプトにも繋がってくると信じているので、雑さはあっても、量は出そうと考えていました。

芦澤：話を聞いた時に、これはある種スタディです、U-35 の段階はスタディでいいと思うんですと言ってましたよね。完成を目指すのではなく、やはりそのスタディをがむしゃらにやっているという姿勢に共感したんです。むしろそこで終わってはいけない。

佐々木：ですが一方で、平田さんと藤本さんから着地点を見つけてうまく着地しちゃっていると言われたのです。藤本さんがその会が終わった後に直接、もっと弾けられるでしょうと。もっともっといけるよ、いろいろ事情とか建築のコンセプトに出てこない、ビジネス的な話とか諸々条件があるのはわかっているけれど、もう少しいけるでしょう？と、そこは結構、強めに言われました。平田さんにも、本当に心を見透かされたなと感じたんですね。優等生的にまとめてそれで満足してないか？と言うのは結構、刺さりました。思っていたことを言われちゃったなぁと。

平沼：藤本さんが話していたのは、彼がスタッフ時代に恐ろしい程、頑張ったんだということ。その真っ直ぐさが今も彼のエンジンになっていると思っているから、この程度で止まるのか？と言っているのだと思います。まずこの模型を積み上げるというパッケージのスタイルは随分前から存在しているので、全くオリジナリティはありません。保管のためとか、移動させる手法を示したという意味で価値があったとしても、それほど展示そのものの評価は付きにくい。皆が無視するのはそ

こなんですよ。ただ入口の一つ目にあの状態の模型があって、これはプロジェクトなんですよと紹介していたところがとてもよかった。それと万博の為につくってるわけではないよという姿勢は、見事だなという風に捉えているんです。だから彼を選定されたことに説得力があるんですね。

芦澤：でも、え？と言われたような…（笑）。

全員：あはは（笑）。

平沼：議論に上がっていなかったので突然名前が呼ばれて本人もビックリしたと思うのですが、来年も出展してくれるというので、やはり期待するわけですよ。サーキュレーションの中の、どの時間で止めてくれるのかと。では最後に来年の意気込みを語っていただきたいのです。

芦澤：来年はもっと暴れてほしいな。

佐々木：はい。いろいろ仰っていただいたことを考えて、有無を言わせないものを出したいですね。最近、家族もできて少し置きにいっているのは、自分でも内心わかっているので、暴れたいな、暴れるんだぞという思いを強く持っています。

芦澤：若いからこその暴力性というか狂気性みたいなものを少し感じるんです。そこをもっと見せつけてほしい。

平沼：一方で、優しさも感じるんですよ。だから僕らと全く真逆で人の話をよく聞くし（笑）。クライアントの方たちの要望に沿った、繋がったものを不思議とつくっていけるんですよね。勝ち負けの話ではないけれど、負けながらつくっていった方がいいタイプなのかな、とも思うのです。新しい発見があるだろうから。でも優しいから、その人がもういいといったら、そこでやめてしまう雰囲気も感じるのです。その明らかになっていない部分を、もう少し先を見せて欲しいなという願いを込めて、来年を楽しみにしています。芦澤さん、佐々木さん、本日はありがとうございました。

芦澤・佐々木：ありがとうございました！

2022 年 10 月 2 日
U-35 展覧会会場（大阪駅・中央北口前うめきたシップホール）にて

afterword ｜ 平沼孝啓 （ひらぬま こうき）

あとがき

move on age,

時代より先に変われ。

　まだまだ社会性もない頃から、本展の「現在地」と「目標」を問われてきた。山に例えると、優美にそびえ立つ尖った頂を目指し一気に登り切るというよりも、緩やかな山の麓に咲く名もなき草花や起伏の状態から、流れる水の道の清らかさを知り、天候や気候という周辺の環境と共に移り変わる時代の変化を感じながらじっくり頂を目指したいと考えてきた。それはもちろん毎年新たに出会う後進の若い建築家から影響を受けたことだが、たとえ急な山を一気に登り切ることができても、その頂に留まることには苦難がつきまとい、また下れば急な坂道を転がるように落ちてしまうかもしれない、できればこの目標という頂を目指すうちに息絶えればどれほど幸せか、などと永遠に登り続ける自分を想像していた。´71 第二次ベビーブーム時代に生まれ、中学時代には 1 学年 12 クラスもあったため、クラスメートとの順位争いなどを通して、競争社会で培われたものもあるのだろうが、その頃は特に一つ一つの競争結果には興味を示さなかった。しかし経過内容が記憶に刻まれた。もちろん成人して社会に放たれた自分がどの程度の者なのか、そろそろ腕試しをしてみたい気もしないではない。また輩となる方々から素晴らしい活躍の話をお聞きするたびに、その景色を同じように見てみたいと強く思う。だが単にこれらを真似することでは、自分の置かれたそれまでの文脈と地点、そして環境と時代、人間性の違いがあることを捉えていない気がする。そこで何度も思考し苦しんで得た回答は、自らが納得するためのプロセスの中で、他者と比較することなく自分の中にある想いを切り開いていくことだった。それがひとつのオリジナリティであるかもしれないし、これからの時代の建築家という職能に合うかどうかわからないが、そうすることでようやく納得できるようになれた。

　他者と比べることで安心も得られるだろうが、不安に駆られることもある。ただ、自分との闘いという葛藤の中でこそ、目標に到達するプロセスを描くことができるのだと、十数年間で若い建築家たちから多くを学ばせていただいた。シンポジウムでは、一種のバイアスと捉えられてしまうかもしれない危険性を孕むことを理解しつつ、毎年議論してきた。人に何かの特性があると決めつけることも、それと異なる人々の行動や個人の希望を制約しかねない。近年求められるジェンダー論や、立派な大

人が放つ人生観もそうだろう。期待を込め、励みを与えようとする多くの言葉にも、意思や意欲、そして夢を制約させるような誤解を与えるかもしれない危うさもあらためて感じる。しかしこの「建築の展覧会」の目標は頂に到達しないことなのであり、頂に到達するまでのプロセスを大切にしたいのだということを、特に昨年のシンポジウムでの議論を通して感じた。展覧会場で直接作品の制作意図を聞き、シンポジウム会場で議論を見守る学生であるジュニアから社会経験が多い百戦錬磨のシニア、また建築家・史家までが毎年ここに集まる本展の必然性と、人々が建築へ抱く希望を確かなものとすべく、大切に育んでいきたいと願うようになった。

　本年は審査を当番する 10 年ぶりの年。開催を重ねるたびに狭き門となった建築家への登竜門のような存在となりつつある本展へ果敢にも応募をくれた方たちに感謝している。また選出され表現に挑戦する出展者たちは、出展を通じて広く発表していく際に、今までに経験をしたことのないような大きな苦難にも直面しながら、本当によく考えているのだと感心しているし、頭の中にある思想を最後まで諦めずに追求し信念を貫くことにも敬意を表したい。この展覧会を通じて人に共有し批評をもらうことで、この時代の建築が人と相互に関連し合い、存在し続けていることを再認識すると共に、このような建築展の継続が、ひとつの分野の新しくも発展的な表現のあり方を深く追求していることに気がつくことだろう。そうして形成されていく人との対話のあり方や空間という、あらたな価値を生み出すこの時代以降の本展の予想図に期待しないわけがない。

　14 度目の建築展の実現にあたり、幾度となく継続的な挑戦へのご支援をいただきます、関係者各位のご厚意に、心より深く御礼を申し上げます。

（2023 年 5 月 4 日　大阪にて）

acknowledgements
関係者一覧

特別協賛

連携協賛　　　　　　　　　協賛　　　　　　　　　　助成

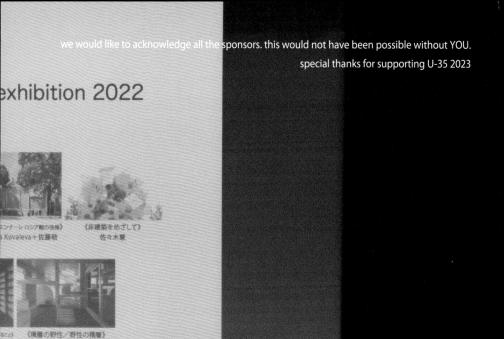

we would like to acknowledge all the sponsors. this would not have been possible without YOU.

special thanks for supporting U-35 2023

exhibition 2022

昨年開催のシンポジウムの様子

連携協力

展示協力

協力

後援

特別後援

特別協力

主催

U-35 記念シンポジウム　meets U-35出展若手建築家

大島碧　小松大祐　大野宏　小田切駿　瀬尾憲司　渡辺瑞帆　Aleksandra Kovaleva　佐藤敬　佐々木慧　福留愛　桝永絵理子

日時　2023年10月21日（土）15:30-19:30

（14:00 開場　15:30 第一部開演　17:50 第二部開演　19:30 終了）

第一部では、出展者のプレゼンテーションに加えて、ゲスト建築家が登壇。
第二部では、ゲスト建築家×U-35出展者によるディスカッションと、AWARDの審議・表彰を行います。

ゲスト建築家　芦澤竜一 × 五十嵐淳 × 谷尻誠 × 永山祐子 × 平田晃久 × 平沼孝啓 × 藤本壮介 × 吉村靖孝

進行（建築史・建築批評家）　五十嵐太郎　倉方俊輔

日本を代表し全国で活躍する、出展者のひと世代上の建築家を一同に招き、これからの日本の建築のあり方を探ります。

芦澤竜一（あしざわ・りゅういち）建築家
1971年神奈川生まれ。94年早稲田大学卒業後、安藤忠雄建築研究所勤務。01年芦澤竜一建築設計事務所設立。滋賀県立大学教授。日本建築士会連合会賞など国内外で多くの賞を受賞している。

谷尻誠（たにじり・まこと）建築家
1974年広島生まれ。00年サポーズデザインオフィス設立。14年より吉田愛と共同主宰。最近では「絶景不動産」「21世紀工務店」を開業するなど活動の幅も広がっている。中国建築大賞他受賞多数。

平田晃久（ひらた・あきひさ）建築家
1971年大阪生まれ。97-05年伊東豊雄建築設計事務所勤務。05年平田晃久建築設計事務所設立。現在、京都大学教授。第13回ベネチアビエンナーレ金獅子賞（日本館）、22年日本建築学会賞など多数を受賞。

藤本壮介（ふじもと・そうすけ）建築家
1971年北海道生まれ。東京大学工学部建築学科卒業後、00年藤本壮介建築設計事務所設立。主な作品にロンドンのサーペンタインパビリオンなど。第13回ベネチアビエンナーレ金獅子賞（日本館）など多数を受賞する。

五十嵐太郎（いがらし・たろう）建築史・批評家
1967年パリ（フランス）生まれ。92年東京大学大学院修士課程修了。博士（工学）。東北大学教授。あいちトリエンナーレ2013芸術監督。芸術選奨新人賞など多数を受賞する。

五十嵐淳（いがらし・じゅん）建築家
1970年北海道生まれ。97年五十嵐建築設計事務所設立。著書・「五十嵐淳 / 状態の表示」（10年彰国社）・「五十嵐淳 / 状態の構築」（11年TOTO出版）。主な受賞・吉岡賞、JIA新人賞、北海道建築賞など。

永山祐子（ながやま・ゆうこ）建築家
1975年東京生まれ。98-02年青木淳建築計画事務所勤務。02年永山祐子建築設計設立。主な仕事「LOUIS VUITTON 京都大丸店」「ドバイ国際博覧会日本館」「東急歌舞伎町タワー（2023）」など。

平沼孝啓（ひらぬま・こうき）建築家
1971年大阪生まれ。ロンドンのAAスクールで建築を学び99年平沼孝啓建築研究所設立。08年「東京大学くうかん実験棟」でグランドデザイン国際建築賞、18年「建築の展覧会」で日本建築学会教育賞など多数を受賞。

吉村靖孝（よしむら・やすたか）建築家
1972年愛知生まれ。97年早稲田大学大学院修士課程修了。99-01年MVRDV勤務。05年吉村靖孝建築設計事務所設立。早稲田大学教授。主な受賞に吉岡賞、アジアデザイン賞金賞など多数を受賞する。

倉方俊輔（くらかた・しゅんすけ）建築史家
1971年東京生まれ。大阪公立大学教授。『東京モダン建築さんぽ』『吉阪隆正とル・コルビュジエ』『伊東忠太建築資料集』など著書多数。イケフェス大阪実行委員。主な受賞に日本建築学会賞（業績）（教育貢献）ほか。

出展者の作品発表とゲスト建築家による審査により、Under 35 Architects exhibition 2023 Gold Medal が 1 点贈られます。

RELATED EVENTS | 関連イベント（展覧会会場内）［予告］
うめきたシップホール2階

10月

●ギャラリーイベント　各回定員｜30名

　12：30 開場－13：00 開演－15：00 終了－15：30 閉場

●ギャラリートーク　各回定員｜30名

　15：30 開場－16：00 開演－17：00 終了－17：30 閉場

●イブニングレクチャー　各回定員｜30名（当日整理券配布）

　17：30 開場－18：00 開演－19：30 終了－20：00 閉場

Fri 20	Sat 21
開幕（展覧会開催初日）12:00 開場 20:00 閉館	12:00-14:00 ギャラリーイベント ユニオン
13:00-15:00 ギャラリーイベント ダイキン工業	15:30-19:30 記念シンポジウム ゲスト建築家 芦澤竜一、五十嵐淳、谷尻誠、永山祐子、平田晃久、平沼孝啓 藤本壮介、吉村靖孝 五十嵐太郎、倉方俊輔 meets U-35 出展者
16:00-17:30 イブニングレクチャー **藤本壮介**	

Sun 22	Mon 23	Tue 24	Wed 25	Thu 26	27	28
	13:00-15:00 ギャラリーイベント シェルター	13:00-15:00 ギャラリーイベント オカムラ	13:00-15:00 ギャラリーイベント パナソニック	13:00-15:00 ギャラリーイベント ケイミュー	13:00-15:00 ギャラリーイベント 丹青社	13:00-15:00 ギャラリーイベント JIA
16:00-17:00 ギャラリートーク 福留愛	16:00-17:00 ギャラリートーク 大島碧＋小松大祐	16:00-17:00 ギャラリートーク 小田切駿＋瀬尾憲司＋渡辺瑞帆	16:00-17:00 ギャラリートーク 桝永絵理子	16:00-17:00 ギャラリートーク Aleksandra Kovaleva＋佐藤敬	16:00-17:00 ギャラリートーク 大野宏	16:00-17:00 ギャラリートーク 佐々木慧
18:00-19:30 イブニングレクチャー **五十嵐淳**	18:00-19:30 イブニングレクチャー **平田晃久**	18:00-19:30 イブニングレクチャー **谷尻誠**	18:00-19:30 イブニングレクチャー **吉村靖孝**	18:00-19:30 イブニングレクチャー **倉方俊輔**	18:00-19:30 イブニングレクチャー **五十嵐太郎**	18:00-19:30 イブニングレクチャー **永山祐子**

29	30 最終日
13:00-15:00 ギャラリーイベント 生きた建築ミュージアム	
15:00-16:30 イブニングレクチャー **平沼孝啓**	（展覧会開催終了日）16:30 最終入場 17:00 閉館
18:00-19:30 イブニングレクチャー **芦澤竜一**	

※ギャラリーイベント・ギャラリートークは事前のお申し込みが必要です。
※イブニングレクチャーは当日12時より、シップホール2階にて整理券を
　配布します。（当日に限り展覧会場へ再入場可能・最終日分は前日配布）
※講演内容、時間、および講演者は変更になる場合があります。

● 展覧会入場料が必要です（¥1,000）

● 要事前申込み　http://u35.aaf.ac/　または【U35】で検索

U-35 記念シンポジウム

会　　場　グランフロント大阪 北館4階 ナレッジシアター

定　　員　381名　（事前申込制・当日会場にて先着順座席選択）

入　　場　¥1,000

問 合 せ　一般社団法人ナレッジキャピタル

　　　　　〒530-0011　大阪市北区大深町3-1
　　　　　グランフロント大阪 北館 4F ナレッジシアター
　　　　　TEL　06-6372-6434

　　　　　※ JR「大阪駅」中央口（うめきた広場）より徒歩3分
　　　　　　地下鉄御堂筋線「梅田駅」より徒歩3分

申込方法　下記ウェブサイトの申込みフォームよりお申し込みください。

http://u35.aaf.ac/

U-35 展覧会 オペレーションブック 2023
展覧会開催記念限定本

発 行 日　2023年5月28日（日）

会 　 　 期　2023年10月20日（金）- 30日（月）

会 　 　 場　うめきたシップホール（グランフロント大阪 うめきた広場2F）

執 　 　 筆　大島碧＋小松大祐　大野宏　小田切駿＋瀬尾憲司＋渡辺瑞帆　Aleksandra Kovaleva＋佐藤敬　佐々木慧　福留愛　桝永絵理子

特 別 寄 稿　橋村公英（東大寺）

　　　　　　田中清剛（大阪府）

　　　　　　音羽悟（神宮司庁）

　　　　　　角和夫（阪急阪神ホールディングス）

　　　　　　樫本真弓（グランフロント大阪TMO）

　　　　　　片岡利博（大阪市都市整備局）

　　　　　　木村一義（シェルター）

　　　　　　木村均（ケイミュー）

　　　　　　小林統（丹青社）

　　　　　　中村雅行（オカムラ）

　　　　　　平沼孝啓（平沼孝啓建築研究所）

発 　 　 行　アートアンドアーキテクトフェスタ

アートディレクション
制 作 ・ 編 集　平沼佐知子（平沼孝啓建築研究所）

学 生 協 力　有馬佳恵（武庫川女子大学大学院）池田怜（武庫川女子大学大学院）印南学哉（名古屋工業大学）
　　　　　　梅山歩（京都建築大学校）及川彩（東京藝術大学）小川さやか（武庫川女子大学大学院）
　　　　　　奥西真夢（東京理科大学大学院）杉田美咲（畿央大学）高田颯斗（立命館大学）津田弦（関西大学）
　　　　　　中井結花（京都橘大学）森本将裕（京都建築大学校）森本敦也（京都建築大学校）
　　　　　　吉田雅大（近畿大学）山本拓司（大阪工業大学）

印 刷 ・ 製 本　グラフィック

撮 影 ・ 写 真　繁田諭（繁田諭写真事務所）